审计与法治丛书

法治视角下的公共工程国家审计研究

兰 玲 著

Research on National Audit of Public Works from the Perspective of Rule of Law

知识产权出版社
全国百佳图书出版单位
—北京—

图书在版编目（CIP）数据

法治视角下的公共工程国家审计研究 / 兰玲著 . —北京：知识产权出版社，2023.4
（审计与法治丛书）
ISBN 978-7-5130-8568-7

Ⅰ. ①法… Ⅱ. ①兰… Ⅲ. ①公共工程—政府审计—研究—中国 Ⅳ. ① F239.44

中国国家版本馆 CIP 数据核字（2023）第 000017 号

责任编辑：雷春丽　　　　　　　　　责任校对：谷　洋
封面设计：智兴设计室·段维东　　　责任印制：孙婷婷

审计与法治丛书

法治视角下的公共工程国家审计研究

兰　玲　著

出版发行：	知识产权出版社 有限责任公司	网　　址：	http://www.ipph.cn
社　　址：	北京市海淀区气象路50号院	邮　　编：	100081
责编电话：	010-82000860转8004	责编邮箱：	leichunli@cnipr.com
发行电话：	010-82000860转8101/8102	发行传真：	010-82000893/82005070/82000270
印　　刷：	北京虎彩文化传播有限公司	经　　销：	新华书店、各大网上书店及相关专业书店
开　　本：	787mm×1092mm　1/16	印　　张：	10
版　　次：	2023年4月第1版	印　　次：	2023年4月第1次印刷
字　　数：	196千字	定　　价：	60.00元
ISBN 978-7-5130-8568-7			

出版权专有　侵权必究
如有印装质量问题，本社负责调换。

序 言

2020年1月,习近平总书记对审计工作作出重要指示,强调审计机关要在党中央统一领导下,适应新时代新要求,紧紧围绕党和国家工作大局,全面履行职责,坚持依法审计,完善体制机制,为推进国家治理体系和治理能力现代化作出更大贡献。因此,有必要从审计与法治融合的视角出发,加强审计法治化研究,这是习近平法治思想在审计领域的具体体现,也是强化审计监督保障作用的必备环节,更是我国经济行稳致远、社会安定和谐的重要保障。

审计与法治联动在国家经济安全、政府权力监督、民主法治建设、民生政策落实、体制机制完善等国家治理现代化方面都起着举足轻重的作用。审计与法治联动,可以化解重大风险,维护国家财政经济安全;审计与法治联动,可以有效遏制各类违法违规行为,打击并严惩贿赂、贪污、腐败等问题;审计与法治联动,可以使人民群众了解各级政府及其部门履职担责情况,推进国家社会共治;审计与法治联动,还可以加强民生政策的有效落实,切实维护好、实现好人民群众的切身利益。因此,审计与法治联合发力,必将推进国家治理体系和治理能力现代化。

西南政法大学监察审计学院(商学院)作为在传统政法院校中发展起来的专门从事商科教育与研究的学院,既有商科教育的专业优势,又有学校法学学科的依托,是全国唯一设立审计与法治博士点培育学科的院校。西南政法大学还与国家审计署审计科研所、中国审计学会共建"审计与法治研究中心",中心由学院审计学科负责建设。西南政法大学监察审计学院(商学院)抽调骨干教师,编写"审计与法治丛书",力求推出一套回应时代所需、论证充分的研究成果。本丛书具有以下特点。

一、聚焦审计发展中的热点、难点与前沿问题

当前,世界经济增长持续放缓,仍处在国际金融危机后的深度调整期,加之受新型冠状病毒感染疫情影响巨大,世界大变局加速演变的特征更趋明显。审计是党和国

家监督体系的重要组成部分，因此需要审计科研乘势而上精准发力，及时揭示和反映经济社会各领域的新情况、新问题、新趋势。本丛书聚焦审计发展中的热点、难点与前沿问题，例如，国家审计与地方政府债务监管问题、资本市场开放后企业社会责任与审计问题、党内监督与审计监督问题以及国有企业境外投资审计问题等，积极回应时代需求，系统深入地研究审计与法治的重点问题，力求解决中国现实问题。

二、以审计学科为基础，融合多学科，填补出版空白

多学科融合研究，常常能够获得单一学科研究无法获得的创新成果。本丛书以审计学科为基础，融合法学、经济学、公共管理学等多学科进行全方位、多层次、多视角研究，分析典型案例，分别对审计促进国家治理、审计法治、审计管理、企业审计等审计重点领域进行深入探讨，力求为国家决策提供切实有效的智力支持。本丛书的出版可在一定程度上填补我国该领域的出版空白。

三、丛书构建

本丛书先后召开编写会议十余次，由中国审计学会会长孙宝厚同志对每本书的论证要点、结构框架、重点问题进行线上或者现场指导。

"审计与法治丛书"包含专著共12部，围绕审计促进国家治理、审计法治、审计管理、企业审计等审计工作的重点领域开展研究，力求推出一套来源可靠、切实有效、论证充分的研究成果。审计学科属于实践性较强的学科，同时，限于资料的有限性，我们力争论述严谨，但也恐有所疏漏，还请各位读者批评指正。

郑国洪

2021年2月28日于毓秀湖畔

前 言

本书以法治视角探讨公共工程国家审计的问题。笔者对近年来与公共工程国家审计有关的建设工程合同纠纷司法案件进行分析后发现，我国公共工程国家审计的审计对象、审计范围、审计内容等基础性问题，理论界和实务界没有达成共识。改革开放以来，我国投资建设了大量以基础设施工程为代表的公共工程，公共工程国家审计在我国无疑存在迫切的现实需求，事实上审计机关也开展了大量公共工程审计工作，但法律法规对公共工程国家审计的基础性问题缺乏明确指引，使得这项工作在实践中力有不逮。具体反映在司法案件中，国家审计的强制性特征被弱化，国家审计结论是否能够作为工程结算依据，需要建设工程合同主体在合同中以自愿的方式加以约定。这显然有悖于国家审计监督的法定性和强制性，也使审计工作在某些时候很难发挥现实作用，那么问题究竟出在哪里？

为回答这个问题，本书对《中华人民共和国宪法》确立国家审计制度以来有关公共工程国家审计的法律法规进行了梳理，发现对公共工程国家审计的对象、范围、内容等的规定经历了一个明显变化的过程。例如，对审计对象的规定，从国家审计只审计基本建设单位，发展到较为强势地将施工单位、设计单位、监理单位等也作为被审计单位，再到国家审计逐步退让到只能将建设单位作为被审计单位，这是公共工程国家审计在法治建设上的完善，还是因基础性问题缺乏研究而形成的无奈局面？

为此，笔者对国际上典型国家的公共工程国家审计进行了分析，发现不同国家由于审计体制和经济社会发展阶段的不同，公共工程国家审计权限和发挥的作用也不尽相同。但有一个共同点是，大多数发达国家都侧重于开展公共工程绩效审计，审计对象更多的是履行公共工程建设管理责任的政府部门，这给当前还在专注于公共工程结算和决算的真实性、合法性的审计工作者带来这样的启示：未来我国公共工程国家审计应当向绩效审计的方向发展，更加关注制度以及体制机制方面的问题，强化对政府在公共工程建设管理方面的履职情况进行监督和问责，从深层次解决公共工程建设管理中出现的问题，这与中华人民共和国审计署对投资审计提出的"三个转变"相一致。此外，本书也尝试从公共工程委托代理关系出发，回答如何确定审计对象、审计范围

法治视角下的公共工程国家审计研究

和审计内容的问题。

本书的完成经历了比预想更加艰难的过程，这不仅在于需要查阅大量文献，以及本人对研究主题和研究方法缺乏充分积累，更在于写作中一直在思考这样的问题：我到底想借本书告诉读者什么？本书的内容有什么价值？完稿掩卷之时，前一个问题已经有了答案，后一个问题至此也没有确切的答案，只能说本书可以给关注我国公共工程国家审计法治建设的同人提供一些参考。虽然备感吃力，但能够完成这样一部书稿，与我28年的工作经历也有一定关系，这些经历中大概有三分之一的时间从事工程建设管理，有三分之一的时间从事工程造价和工程项目管理教学，有三分之一的时间从事审计和经济法教学，对研究主题也许有一定基础，但远未达到形成一部有足够分量的专著所需的积累。因此，这本书的研究结论和价值就显得不尽如人意，甚至可能存在不当的观点和认识，这些将留给感兴趣的读者批评指正！

本书能够与读者见面，得益于当前良好的研究环境，西南政法大学积极倡导审计与法治的融合研究，是促成本书完成的最重要的因素。本书在写作过程中得到中国审计学会孙宝厚会长的悉心指导，以及西南政法大学商学院郑国洪教授的大力支持与鼓励，本书的编辑在审稿过程中严谨的工作态度也使书稿质量得到了很大提升，在此一并郑重感谢！此外，感谢家人，特别是在美国读书的马赛，他们对书中文献的查找与核实提供了诸多帮助！再次感谢对本书给予帮助的同事和朋友，谢谢大家！

兰 玲

2022年8月15日于重庆

目 录

第一章　绪　言　// 001

第二章　公共工程与公共工程国家审计　// 012
　　第一节　公共工程　// 012
　　第二节　公共工程国家审计　// 031

第三章　公共工程国家审计的需求与实践　// 041
　　第一节　公共工程国家审计的需求　// 041
　　第二节　公共工程国家审计的实践　// 050

第四章　公共工程国家审计的法治建设　// 059
　　第一节　我国公共工程国家审计法治体系的构成　// 059
　　第二节　公共工程国家审计法治体系的形成与发展　// 061
　　第三节　法治视角下公共工程国家审计的基本要素　// 072
　　第四节　我国香港特别行政区公共工程审计　// 085

第五章　典型国家公共工程国家审计　// 092
　　第一节　美国公共工程国家审计　// 092
　　第二节　德国公共工程国家审计　// 099
　　第三节　法国公共工程国家审计　// 103
　　第四节　典型国家公共工程国家审计的启示　// 111

第六章　公共工程国家审计的法治问题　// 116
　　第一节　公共工程国家审计法治的内涵　// 116

第二节　公共工程国家审计法治研究回顾　// 119

第三节　公共工程国家审计法治困境　// 124

第七章　公共工程国家审计法治的完善　// 132

第一节　基于受托责任确定审计对象　// 132

第二节　完善公共工程国家审计法治的建议　// 144

主要参考文献　// 149

第一章 绪　言

1776年，亚当·斯密（Adam Smith）在《国富论》中论述建立和维持对社会大有裨益的公共机关和公共工程是国家的义务，国家需要建立和维持国防、司法、有利于商业发展和促进国民教育的公共工程和公共设施。[①] 公共工程和公共设施是全体社会成员共享的工程和设施，以公共基础设施为主，公共工程为社会和经济持续发展打下基础，既能增加有效需求，又能增加长期供给。公共工程，尤其是大中型基础设施工程，能够提升国家基础设施水平，增强经济活力，是政府实现财政政策的重要载体和提供公共服务的有效工具。改革开放40多年来，我国固定资产投资增速一直维持在较高水平，1982—2020年，全社会固定资产投资年平均增长率为19%，2020年全社会固定资产投资额达到527 270亿元。[②] 公共基础设施投资规模也有一定增速，近三年增长率分别是2018年3.8%[③]、2019年3.8%[④]、2020年0.9%[⑤]。

新中国成立初期，我国实行计划经济体制，公共工程普遍采用财政直接投资的单一模式，即全部以财政预算资金安排建设资金。20世纪80年代以后，我国开始建立并完善社会主义市场经济体制，在财政建设资金有限的情况下，积极利用各种新型融资模式筹集建设资金，例如，银行贷款、专项税收、地方政府土地使用权出让、实施股份制、发行政府债券、成立国有建设性投融资集团、发行政府外债、政府与民间资本合作（public-private partnership，以下简称PPP）等。这些模式中，民间资本已经越来越多地参与公共工程建设，2012—2020年连续9年，民间固定资产投资占固定资产

---

① 亚当·斯密.国富论［M］.胡长明，译.重庆：重庆出版社，2015：360.
② 国家统计局.中国统计年鉴（2021）［M/OL］.北京：中国统计出版社，2021：308.［2022-10-17］. http://www.stats.gov.cn/tjsj/ndsj/2021/indexch.htm.
③ 国家统计局.中国统计年鉴（2019）［M/OL］.北京：中国统计出版社，2019：303.［2022-10-17］. http://www.stats.gov.cn/tjsj/ndsj/2019/indexch.htm.
④ 国家统计局.中国统计年鉴（2020）［M/OL］.北京：中国统计出版社，2020：301.［2022-10-17］. http://www.stats.gov.cn/tjsj/ndsj/2020/indexch.htm.
⑤ 国家统计局.中国统计年鉴（2021）［M/OL］.北京：中国统计出版社，2021：311.［2022-10-17］. http://www.stats.gov.cn/tjsj/ndsj/2021/indexch.htm.

投资的比例都超过了55%，①我国公共工程多主体的投融资模式逐渐形成。

在依法治国背景下，法治建设为投融资模式改革提供了制度基础，国家出台了一系列的法律法规和政策推进投融资体制改革，为明确各类资本投资范围，落实投资主体责任起到了重要作用。2004年出台的《国务院关于投资体制改革的决定》（国发〔2004〕20号）（以下简称《投资体制改革的决定》），提出改革政府对企业投资的管理制度，落实企业投资自主权，建立投资决策责任追究制度，进一步拓宽项目融资渠道，发展多种融资方式。2010年出台的《国务院关于鼓励和引导民间投资健康发展的若干意见》（国发〔2010〕13号）指出，鼓励和支持民间资本进入市场化运作的基础设施、市政工程和其他公共服务领域，明确政府投资的范围主要是关系国家安全、市场不能有效配置资源的经济和社会领域。2019年7月1日开始实施的《政府投资条例》（国务院令第712号）为规范政府投资行为和提高政府投资效益提供了法治保障。

投融资模式改革对公共工程建设管理体制提出了新要求，改革开放以来，我国公共工程建设管理模式发生了巨大变革，从计划经济时期的建设单位自营、基建处或工程指挥部等建设主体管理的模式，转变为市场经济时期的项目法人责任制和代建制。1996年，国家计划委员会出台《关于实行建设项目法人责任制的暂行规定》（计建设〔1996〕673号），明确企业投资工程的责、权、利关系，保证工程的投资效益。2004年第十届全国人民代表大会第二次会议通过《关于2003年国民经济和社会发展计划执行情况与2004年国民经济和社会发展计划的决议》，提出政府投资项目积极推进代建制。代建制的实施，为革除一次性业主以及"投资、建设、监管、使用"多位一体带来的投资失控、监督薄弱、资源浪费等弊病提供了解决途径。与此同时，我国工程建设管理体制也积极构建与国际接轨的一系列制度，如招标投标制、合同管理制、建设工程监理制等。

当前，我国经济已从数量增长进入高质量发展阶段，基础设施建设也进入了新时期，2020年《政府工作报告》提出重点支持"两新一重"，即新型基础设施建设，新型城镇化建设，交通、水利等重大工程建设。新型基础设施面向高质量发展需要，提供数字转型、智能升级、融合创新等服务，内容涵盖5G、物联网、互联网、人工智能、云计算、区块链等数字化、信息化技术领域。②"两新一重"对工程建设监管提出

---

① 国家统计局.中国统计年鉴（2021）[M/OL].北京：中国统计出版社，2021：310.[2022-10-17]. http://www.stats.gov.cn/tjsj/ndsj/2021/indexch.htm.

② 国家发展和改革委员会.国家发展改革委4月份新闻发布会实录[C/OL].[2022-07-20].https:// view.officeapps.live.com/op/view.aspx?src=https%3A%2F%2Fwww.ndrc.gov.cn%2Fxwdt%2Fxwfb%2F202004 %2FW020200420465025588472.docx&wdOrigin=BROWSELINK.

了更高的要求，但成熟的制度体系并未完全形成，运行管理还存在各种问题，决策失误、投资失控、进度滞后、质量事故、绩效不佳、贪污腐败等问题屡屡发生，国家审计作为一种维护国家利益和公共利益的监督制度，对公共工程的监督显得尤为重要。国家审计，一方面，保障公共工程依法顺利建设，促进实现预期投资绩效；另一方面，通过审计分析投资决策和宏观投资管理中存在的问题，为国家宏观决策服务，保障整个国民经济持续、稳定和健康发展。

公共工程投资体制和建设管理体制改革、数字信息技术的发展都给公共工程审计带来了挑战，审计的目标、对象、范围、方法等都需要随之作出相应的调整。《中华人民共和国审计法》（以下简称《审计法》）规定，审计机关对政府投资和以政府投资为主的建设项目的预算执行情况和决算进行审计监督。2021年修改的《审计法》将"关系国家利益和公共利益的重大公共工程项目的资金管理使用和建设运营情况"纳入国家审计监督范围。近十年来，审计机关开展了若干重大公共工程审计，如汶川地震灾后重建审计、"西电东送"项目审计、长江三峡水利枢纽工程审计、保障性安居工程审计等，这些审计项目的开展，为节约公共资金，规范投资秩序，促进投资管理和建设管理体制的完善起到了积极作用。2021年，中央审计委员会办公室、审计署印发《"十四五"国家审计工作发展规划》，提出重大公共工程投资审计的主要任务，是围绕重大公共工程项目预算执行、决算和建设运营，重点关注交通、能源、水利等行业专项规划落实，项目建设管理、资金筹集及管理使用、生态环境保护、建设用地和征地拆迁等情况，持续开展北京冬奥会、川藏铁路等基础设施建设跟踪审计，促进国家"十四五"规划纲要确定的重大工程项目及相关政策落实，提高投资绩效，推动投融资体制改革。

在全面推进依法治国的背景下，为满足经济社会发展对公共工程审计的需求，深入研究公共工程国家审计实务中出现的法治问题，推动公共工程审计法治基本理论的研究显得极其必要，以下是有关工程结算审计决定的法律效力以及全国人民代表大会常务委员会法制工作委员会印发的一份研究意见引发的对公共工程国家审计法治的思考。

一、审计机关作出审计决定的法律效力

在工程审计实务中，当审计机关作出的审计决定与合同双方确认的结算金额不一致时，审计决定的法律效力如何，能否约束施工单位？重庆岚峰隧道工程竣工结算审

计案[①]具有一定的典型性。重庆金渝大道西延段道路工程是重庆市市级重点建设项目，属于国家审计监督的对象，重庆岚峰隧道工程是该工程的组成部分，审计机关在对其进行决算审计之后，出具审计报告审定工程结算金额应当核减，但重庆岚峰隧道工程在国家审计之前已经竣工验收并办理了竣工结算，至审计机关出具审计报告时，工程实际付款已经超出审定的结算金额，依据国家审计报告的结果，施工单位应当退还多付的工程款，但施工单位以结算已经通过业主审计且合同当事人双方确认了结算金额为由拒绝退还，从而引发建设工程合同纠纷，案件经过一审、二审和再审，历时5年，最终最高人民法院判决施工单位胜诉。为便于表述，案件中涉及的单位身份、名称与简称如表1-1-1所示。

表1-1-1 重庆岚峰隧道工程竣工结算审计案所涉的单位身份、名称与简称

序号	身份	名称	简称
1	发包人、业主	重庆金凯实业股份有限公司	金凯公司
2	重庆金渝大道西延段道路工程总承包商（一审原告、反诉被告、二审被上诉人、再审被申请人）	重庆建工集团股份有限公司	重庆建工集团
3	重庆岚峰隧道工程分包商（一审被告、反诉原告、二审上诉人、再审申请人）	中铁十九局集团有限公司	中铁十九局
4	发包人的上级主管部门	重庆市经开区监察审计局	经开区监审局
5	经开区监审局委托的竣工结算审核单位	重庆西恒招标代理公司	西恒公司
6	审计机关	重庆市审计局	—
7	被审计单位、金凯公司改制后成为工程新的业主	重庆市北部新区土地储备整治中心	土储中心
8	一审法院	重庆市第一中级人民法院	重庆一中院
9	二审法院	重庆市高级人民法院	重庆高院
10	再审法院	最高人民法院	—

（一）案件总览

本案例的关键事项与发生时间如表1-1-2所示。

[①] 重庆建工集团股份有限公司与中铁十九局集团有限公司建设工程合同纠纷案，(2012)民提字第205号，《最高人民法院公报》2014年第4期。

表 1-1-2　重庆岚峰隧道工程竣工结算审计案关键事项和发生时间

时间/案号	关键事项
2003年8月22日	金凯公司与重庆建工集团签订重庆金渝大道西延段道路工程总承包合同，约定未定价的材料价格由金凯公司、经开区监审局审定后纳入工程结算
2003年11月17日	重庆建工集团与中铁十九局签订岚峰隧道工程分包合同，约定合同价为暂定价，结算经审计部门审核确定后支付
2003年12月	金凯公司改制，工程业主变更为土储中心
2006年2月6日	重庆金渝大道西延段道路工程（总包工程）竣工备案
2006年8月10日	西恒公司出具工程结算审核报告
2007年12月5日	重庆建工集团与中铁十九局确认分包工程的结算金额为114 252 795.85元。至一审起诉前，重庆建工集团累计已向中铁十九局支付工程款98 120 156.63元
2008年10月9日至11月21日	重庆市审计局以土储中心为被审计单位，对金渝大道工程竣工决算进行审计，审定岚峰隧道工程在送审金额114 252 795.85元的基础上审减8 168 328.52元
2008年12月24日	重庆市审计局出具审计决定，责令土储中心核减该工程结算价款，并要求土储中心在2009年3月20日前执行完毕
2009年2月9日	土储中心向重庆建工集团发函，要求其按照重庆市审计局审计报告，将多付的金额在3月1日前退还土储中心
2010年9月1日	重庆建工集团向重庆一中院起诉，要求中铁十九局按照重庆市审计局审计报告结论，退还多支付的工程款3 241 224.87元
（2010）渝一中法民初字第425号	重庆一中院判决：中铁十九局返还重庆建工集团多支付的工程款3 130 595元
2012年3月19日/（2012）渝高法民终字第00006号	中铁十九局向重庆高院提起上诉，认为重庆市审计局对土储中心的审计是依职权发起的行政行为，不能因此否认分包合同双方当事人之间民事法律关系中履约行为的合法性和正当性，但重庆高院判决维持一审原判
2013年3月20日/（2012）民提字第205号	最高人民法院判决中铁十九局胜诉

（二）核心问题

人民法院判决的核心问题在于：审计报告是否能够作为重庆建工集团与中铁十九局之间结算工程款的依据？最高人民法院最终认定，在双方当事人已经通过结算协议确认了工程结算价款并已基本履行完毕的情况下，国家审计机关作出的审计报告不影响双方结算协议的效力。

法治视角下的公共工程国家审计研究

2001年4月2日发布的《最高人民法院关于建设工程承包合同案件中双方当事人已确认的工程决算价款与审计部门审计的工程决算价款不一致时如何适用法律问题的电话答复意见》（〔2001〕民一他字第2号）认为："只有在合同明确约定以审计结论作为结算依据或者合同约定不明确、合同约定无效的情况下，才能将审计结论作为判决的依据。"本案例中，最高人民法院查明重庆建工集团与中铁十九局之间关于是否应当接受国家审计的约定不明确，双方已经认可中介公司提交的工程结算审核金额，重庆建工集团事实上已经开始履行付款义务。同时，最高人民法院认为，审计机关的审计行为属于一种行政监督行为，通常情况下不能干预当事人之间正常的民事行为，除非建设工程合同的当事人在协议中另有约定，否则不能对工程价款结算产生影响。当事人意思自治原则是民事法律关系中的一项基本原则。当事人可以根据自己的判断，去从事民事活动，国家一般不干预当事人的自由意志，充分尊重当事人的选择。当事人之间关于工程价款的协议是基于当事人的真实意思表示，在不违反法律法规强制性规定的情况下，应当视为有效。因此，建设工程合同的工程价款结算，如当事人已通过协议进行约定，应以当事人的约定为依据，审计机关所作出的审计报告并不能影响结算结果。2005年1月1日起施行的《最高人民法院关于审理建设工程施工合同纠纷案件适用法律问题的解释》（法释〔2004〕14号）[①]，以及2021年1月1日起施行的《最高人民法院关于审理建设工程施工合同纠纷案件适用法律问题的解释（一）》（法释〔2020〕25号），均有以下条款"当事人对建设工程的计价标准或者计价方法有约定的，按照约定结算工程价款"。根据这些规定，司法机关应当以合同约定作为裁判依据。

（三）案例思考

在网上检索到三个与上述案例类似的情况，一是呼和浩特绕城公路建设开发有限责任公司与河北路桥集团有限公司建设工程施工合同纠纷上诉案，[②] 该案中双方当事人的争议焦点为：是否应当以审计结果作为支付涉案工程款的依据。由于合同双方并未约定工程结算价款以审计机关的审计结论为准，且双方已就工程结算价款达成一致，因而呼和浩特市审计局事后审计确认的工程造价被判决不能作为结算依据。二是武汉

[①] 2021年1月1日被《最高人民法院关于审理建设工程施工合同纠纷案件适用法律问题的解释（一）》（法释〔2020〕25号）代替。

[②] 呼和浩特绕城公路建设开发有限责任公司与河北路桥集团有限公司建设工程施工合同纠纷上诉案［EB/OL］.［2022-02-20］.https://pkulaw.com/pfnl/a25051f3312b07f37c4a940dbb185dc95c63f654778012fcbdfb.html.

绕城公路建设指挥部与中铁十八局集团第二工程有限公司建设工程施工合同纠纷上诉案,[①]最高人民法院认为,双方当事人的施工合同对工程价款的约定合法有效,但与审计部门审计的工程决算款不一致的,应当以施工合同中约定的工程价款为准。三是中国民用航空河南省管理局与中国有色金属工业第六冶金建设公司建设工程施工合同纠纷上诉案,[②]合同双方对国家审计的法律效力有异议,国家审计结果没有得到人民法院的支持。前述案例的共同点在于,工程施工合同的双方对"是否以审计结论作为结算依据,没有在合同中约定或者约定不明",因此建设单位(或总包单位)均败诉,已经付出的工程款不能通过司法途径追回,而在下面的案例中,则有相反的情况。

八冶建设集团有限公司与武威市供排水集团公司建设工程施工合同纠纷案[③]中,当事人双方约定,工程竣工后由发包人委托具有法定审核资质的机构或审计部门进行工程结算审核。该案例与前述案例不同的是,甲乙双方明确约定以审计结果作为结算依据,由于只有通过审计才能最终确定发包人应付款数额,所以双方并未在审计前对结算金额达成一致。人民法院认定,审计报告审定的结算金额即为双方对结算金额的认可,审计报告作出日即为剩余工程款的付款期限。

在中国裁判文书网上,以建设工程合同纠纷为案由,分别以国家审计、政府审计[④]为全文检索词,查到2010—2021年共有3153份裁判文书,说明与国家审计、政府审计有关的建设工程合同纠纷案例并非个案,裁判年份和文书数量如图1-1-1所示。2010—2020年,与国家审计有关的建设工程合同纠纷案件数量呈明显上升趋势,2021年数量减少,与受新型冠状病毒感染疫情影响建设工程合同纠纷案件总量减少有关。

---

① 武汉绕城公路建设指挥部与中铁十八局集团第二工程有限公司建设工程施工合同纠纷上诉案,(2007)民一终字第81号。
② 中国民用航空河南省管理局与中国有色金属工业第六冶金建设公司工程款纠纷上诉案,法公布(2002)第71号,(2002)民一终字第32号。
③ 八冶建设集团有限公司与武威市供排水集团公司建设工程施工合同纠纷案,(2017)最高法民终421号。
④ 在我国,国家审计和政府审计均用于指政府审计机关开展的审计工作。

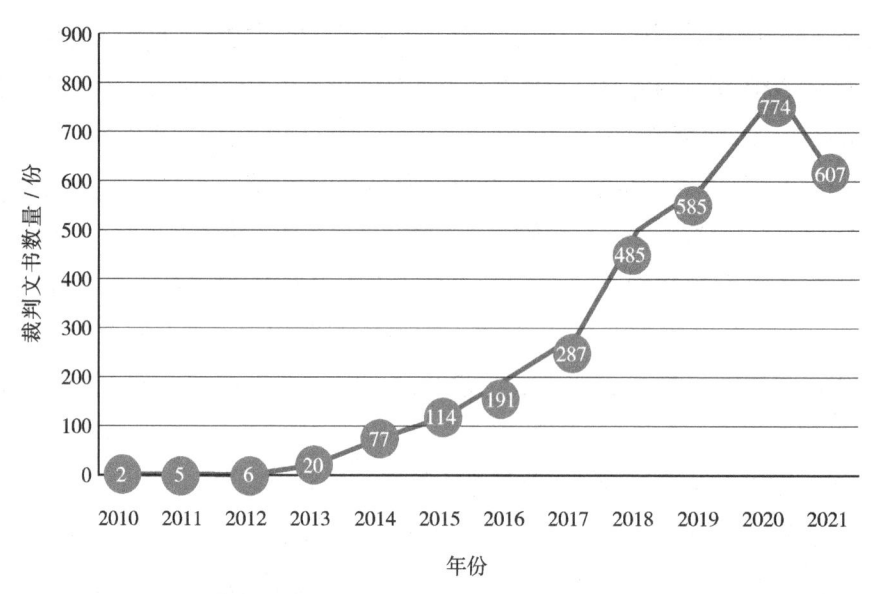

图 1-1-1　2010—2021 年与国家审计、政府审计有关的建设工程合同纠纷案件裁判文书数量

如果在签订合同时，没有明确约定以国家审计作为结算依据，建设工程合同当事人双方已经签署结算协议，建设单位事后希望以结算协议的错误属于重大误解为由撤销结算协议，会基于种种原因很难得到人民法院的支持。在白银市第一人民医院与甘肃铜城工程建设有限公司建设工程施工合同纠纷案[①]中，合同未约定以国家审计报告作为结算依据，国家审计报告与合同双方已经认可的结算书存在差异，建设单位认为社会审计机构提供的结算审核报告存在重大错误，因此以结算书存在重大误解为由提出撤销结算书。此外，社会审计机构也出庭证实审计报告存在错误并表示认可国家审计报告中的数据，但即便如此也未能得到人民法院支持，理由是撤销权应当在法定除斥期间内行使，该案例中，建设单位的撤销权已经超过法定除斥期间，撤销权消灭。

这些案例显示出《审计法》在执行中力有不逮，其中所蕴含的深层次的原因值得探讨。属于法定审计监督范围的工程项目，审计机关依法审计形成的审计决定要发挥法律效力，必须以当事人事先在合同中认可国家审计存在的合法性为前提，似乎与国家审计的强制性特征相违背，《审计法》的严肃性和权威性也受到影响。

---

① 白银市第一人民医院、甘肃铜城工程建设有限公司建设工程施工合同纠纷二审民事判决书，（2021）甘民终 619 号。

二、全国人民代表大会常务委员会法制工作委员会的一份研究意见

针对频繁出现的审计决定难以执行的问题，包括北京市、上海市、海南省在内的11个省（区、市）、8个设区的市、2个经济特区的地方性法规规定，政府工程应当以国家审计结果作为工程竣工结算的依据，或者要求在招标文件中载明或在工程施工合同中约定以国家审计结果作为工程竣工结算依据。由于竣工结算审计直接触及施工单位的利益，这一做法引起了建筑行业的反对，中国建筑业协会在2013—2015年先后3次向全国人民代表大会常务委员会法制工作委员会申请，要求对"以审计结果作为工程竣工结算依据"的地方性法规开展立法审查。反对地方性法规直接规定"以审计结果为结算依据"的理由主要有四个方面：一是违背民事行为"意思自治"原则；二是审计监督机关与合同的一方（建设单位）有利益关系；三是审计结算的时间无法保证；四是将工程的最终"定价权"赋予审计机关，会对施工单位产生负面效应。[①]

2017年2月22日印发的《全国人大常委会法工委对地方性法规中以审计结果作为政府投资建设项目竣工结算依据有关规定的研究意见》（法工委函〔2017〕2号）（以下简称《研究意见》），对地方性法规直接规定将审计结果作为竣工结算的依据，以及要求建设单位应当在招标文件中载明或者在合同中约定以审计结果作为竣工结算依据的两种做法提出了纠正要求。《研究意见》指出地方性法规的上述规定存在法律上的问题：一是扩大了审计决定的法律效力范围，以审计决定改变平等民事主体之间的建设工程合同；二是缺乏上位法依据，超越了地方立法权。《研究意见》提出要"保障审计机关依照法定职权和程序加强审计监督"，对现实中存在的政府投资建设领域管理制度不完善、国有资金浪费严重等问题提出了五条综合治理措施：完善工程造价咨询中介市场，减轻审计机关压力；加强对建设单位及其责任人员的追责力度；通过仲裁或诉讼解决施工单位虚报、重复计算工程量等问题；通过合同无效等法律规定的制度，解决建设单位和施工单位恶意串通骗取国家资金的问题；由司法机关依法追究构成犯罪的单位和个人的刑事责任。

《研究意见》下发之后，全国人民代表大会常务委员会法制工作委员会于2017年6月5日向中国建筑业协会发出《全国人民代表大会常务委员会法制工作委员会法规备案审查室关于对地方性法规中以审计结果作为政府投资建设项目竣工结算依据有关规定提出的审查建议的复函》（法工备函〔2017〕22号）（以下简称《复函》），对2015年5月中国建筑业协会发出的《关于申请对规定"以审计结果作为建设工程竣工结算

---

① 周月萍，纪晓晨."将审计结论作为竣工结算依据"立法须慎思：关于《上海市审计条例（草案）》（修改稿）的思考[J]. 建筑，2012（21）：4，15-17.

依据"的地方性法规进行立法审查的函》明确回复：地方性法规中直接以审计结果作为竣工结算依据和应当在招标文件中载明或者在合同中约定以审计结果作为竣工结算的规定，超越了地方立法权限，应当予以纠正。随后，国务院法制办公室以《关于纠正处理地方政府规章中以审计结果作为政府投资建设项目竣工结算依据的有关规定的函》（国法秘备函〔2017〕447号）将《研究意见》印发给各地政府办公厅，要求各地区修改其相关的地方政府规章。

对于《研究意见》的出台，中国建筑业协会有关键性的推动作用，中国建筑业协会以审计机关权力来源不合法为由，对审计的权力提出疑问并申请全国人民代表大会常务委员会法制工作委员会立法审查，达到了限制审计权力的目的。在中国裁判文书网上以"复函"为全文检索条件，共查询出228个案例[①]，审结年份自2017—2022年，这些案例都涉及审计机关审计决定的效力问题。

当前，我国建设领域还存在建设管理制度不完善、建设市场不成熟、建设管理不规范、诚信与监督机制不健全等问题，直接反映在工程建设中则表现为违背决策程序、招投标舞弊、合同条款不严密以及执行不严格、工程款虚报多计、利用工程贪腐谋利等问题。这往往导致国有资金浪费与投资效益低下，国家审计报告的法律效力受到限制，很大程度上影响了国家审计在工程建设中的监督作用。此外，对是否以审计结果作为结算依据，还存在不同管理部门各自为政的现象，例如，2020年2月26日发布的《住房和城乡建设部办公厅关于加强新冠肺炎疫情防控有序推动企业开复工工作的通知》（建办市〔2020〕5号）规定"政府和国有投资工程不得以审计机关的审计结论作为工程结算依据"，这未尝不是另一种违反法律规定的情形，剥夺了合同各方在建设工程合同中约定以审计机关的审计结论作为结算依据的权利，或者对已经约定依据审计结论办理结算的合同用行政手段加以干预，同样违反了意思自治原则。

这些问题仅靠审计机关以一己之力难以解决，需要立法、行政、司法、审计监督等各方进行综合配套改革，正如《研究意见》指出的，政府投资建设领域存在的问题需要综合治理，但综合治理的切入点还需要进一步明确。从审计监督的角度，如何解决审计机关审计依据的合法性，需要开展深入研究。

我国审计理论与实践中公共工程审计的法治问题可以归纳为以下几类：一是因审计管理体制未理顺、功能定位不明确、权限边界模糊或者不合理等导致的法治问题，

---

① 中国裁判文书网［EB/OL］.［2022-08-06］. https://wenshu.court.gov.cn/website/wenshu/181217BMTKHNT2W0/index.html?pageId=6b8d6ec901cb7533a0049161425ff653&flyj= 全国人民代表大会常务委员会法制工作委员会复函.

这一类问题经常引发法律诉讼，反映在审计实施模式的选择、审计对象范围的确定、审计内容的确定、审计结论的法律效力等方面出现争议；二是审计机关进行审计评价和给出处理处罚意见时适用的法律依据不够明确和恰当；三是审计机关和审计人员违法时，应进行处理处罚和问责的法律依据不明确问题。本书讨论第一类法治问题。

第二章 公共工程与公共工程国家审计

第一节 公共工程

一、公共工程的定义

有关工程建设及其审计活动的研究经常使用项目和工程这两个词语,但两者存在一定的区别。《辞海》定义项目是为完成一个具体目的而设计的一系列系统化行动步骤,具有问题导向、目标导向、可限制性和唯一性。[①]中国双法项目管理研究委员会编写的《中国项目管理知识体系(C-PMBOK 2006)》将项目定义为创造独特产品、服务或其他成果的一次性工作任务。[②]美国项目管理协会(Project Management Institute,简称PMI)在《项目管理知识体系指南》(*Project Management Body of Knowledge*,简称PMBOK)中认为项目是指为创造独特的产品、服务或成果而进行的临时性工作。[③]总之,项目是有目标、有资源限制条件、独特的活动,具有一次性和唯一性,限定的资源条件通常有资金、质量、时间等。

《辞海》定义工程有三个含义:一是指涉及面广、需各方合作、投入人力物力的工作,如希望工程、安居工程、211工程等;二是指具体的基本建设项目,如三峡大坝工程、港珠澳大桥工程、汶川地震灾后重建工程等;三是指自然科学的原理应用到实际中去而形成的各学科的总称,如土木建筑工程、水利工程、生物工程等。[④]从项目和工程的定义可知,所有工程本质上都具有项目的特征,是为了实现特定目标有资源限制的一次性活动,是项目的子集,所以工程又经常与项目联系在一起,如建设工程项

---

① 辞海.项目[M/OL].[2022-07-20].https://www.cihai.com.cn/search/words?q=%E9%A1%B9%E7%9B%AE.

② 中国(双法)项目管理研究委员会.中国项目管理知识体系(C-PMBOK 2006)[M].北京:电子工业出版社,2006.

③ Project Management Institute.项目管理知识体系指南[M].4版.北京:电子工业出版社,2018.

④ 辞海.工程[M/OL].[2022-07-20].https://www.cihai.com.cn/search/words?q=%E5%B7%A5%E7%A8%8B.

目、水利工程项目等。较之工程，项目的内涵更大，使用范围更为广泛，项目的内容可以是工程、服务和产品等，因此以工程来指本书研究的内容更为贴切。本书所指的工程是需要遵守一定的建设规律，通过决策、设计、施工、竣工验收、交付运营等建设程序，以完成特定建设产品为目标的建设活动及其成果，为实现工程建设目标，需要对工程实施组织、管理和控制。

公共工程是具有公共性质的工程项目，通常与私人工程相对应，在西方源于对公共物品和私人物品的分类，1954年，美国著名经济学家萨缪尔森（Paul A. Samuelson）在《公共支出纯理论》中率先区分了"私人物品"和"公共物品"。[1]1955年，他在《公共支出理论图解》中进一步提出私人物品和公共物品的概念：私人物品指消费过程中具有竞争性和排他性的物品，而公共物品指人们消费了该物品，不会导致其他人对该物品消费的减少。[2]1965年，布坎南（James M. Buchanan）在《俱乐部的经济理论》中提出了准公共物品的概念，认为纯公共物品具有消费的非竞争性、受益的非排他性以及效用的不可分割性等特征，而纯私人物品必定具有竞争性、排他性以及可分割性的特征，现实中大量存在的是介于两者之间的准公共物品。[3]美国公共工程协会（American Public Works Association，简称APWA）定义公共工程是公共和私营机构综合所需的人员和有形资产管理政策、经营实践，以提供和维持对市民福利和高质量生活至关重要的设施和服务。[4]日本《关于公共工程预付款保证的法律》定义公共工程是由国家或者地方政府以及其他公共团体发包的与土木建筑相关的工程及其测量设计。[5]

公共工程的建设资金来源于公共投资。1991年，最高审计机关亚洲组织（Asian Organization of Supreme Audit Institutions，简称ASOSAI）第五届大会和第四次国际研讨会的议题之一是"对公共投资的审计"，会议形成的《北京宣言：促进公共财务与投资有效管理的指导原则》提出：公共投资的范围不仅包括政府直接投资、国有企业或国有控股企业投资，还包括获得政府贷款、拨款和担保等方式资助的其他实体投资。[6]总

---

[1] SAMUELSON P A. The pure theory of public expenditure [J]. Review of economics and statistics, 1954, 36 (4): 387-389.

[2] SAMUELSON P A. Diagrammatic exposition of a theory of public expenditure [J]. Review of economics and statistics, 1955, 37 (4): 350-356.

[3] BUCHANAN J M. An economic theory of clubs [J]. Economica, New Series, 1965, 32: 1-14.

[4] AMERICAN PUBLIC WORKS ASSOCIATION. What is public works [EB/OL]. [2023-03-09]. https://www.apwa.net/MYAPWA/About/What_is_Public_Works/MyApwa/Apwa_Public/About/What_Is_Public_Works.aspx.

[5] 草苅耕造. 公共工程合同新履行保证制度 [M]. 邓晓梅, 顾林生, 黄湘露, 译. 北京：中国建筑工业出版社, 2004.

[6] 北京宣言：促进公共财务与投资有效管理的指导原则 [J]. 审计研究, 1991 (3): 11.

法治视角下的公共工程国家审计研究

体看,过去公共投资仅仅提供基础设施和其他实物设备,现在公共投资已大大超越这一范围,还包括农业、工业和人力资源的开发。[①]

2019 年,审计署编写的《公共工程竣工决算审计指南》指出,公共工程在过去一般指以政府或政府投资为主,或涉及国家利益和公共利益的建设项目。由于我国改革的深入推进带来了投融资体制和预算管理体制的变革,当前公共工程投资的主体还包括国有企业、政府与社会资本合作等。指南用列举的方式指出公共工程项目包括:以政府投资或政府投资为主的建设项目,国有和国有资本占控股地位或者主导地位的企业投资的公共基础设施项目,以及其他涉及国家利益和公共利益的建设项目。[②]

学者对公共工程的定义有三种角度:一是从公共工程所有者和使用者的角度定义。时现认为,公共工程是由国家拥有的并提供给社会大众共同享用的建设项目,主要包括交通工程项目、市政基础设施项目、水利工程项目、农业工程项目等。[③] 二是从公共工程建设的目的和特点定义。花拥军等认为,公共工程是为了满足国家或地区社会发展需要,以增进社会福利为投资最终目标的项目工程。其显著特点就是具有典型的非排他性和外部性。非排他性指公共工程建设是为某个区域或某类群体服务,外部性是说公共工程建设的规模和质量直接影响到城市的整体布局和发展。[④] 王晓生认为,根据公共工程项目的非竞争性和受益的非排他性两大特性,公共工程项目可以定义为:在一定范围内具有非竞争性、非排他性特点,以政府投资为主的基础设施和建设项目。[⑤] 三是从公共工程建设目的、提供者和使用者的角度定义。刘贵文等认为,公共工程是为了服务于广大人民群众的物质文化生活、国民经济和区域经济的发展,以及出于政治、国防等需要,由政府负责直接投资或者组织融资兴建,为社会提供公共产品的工程性固定资产投资项目。[⑥]

公共工程的定义应当体现公共工程的本质,公共工程的本质具有两个方面的内涵:一是由政府主导,指政府直接投资或者组织、引导社会资本投资,按照经济发展的需要和城市规划的要求,有计划、有目的地开展公共工程建设。二是具有公共性和公益

[①] 虞伟萍,朱东,郑东生.公共投资审计[J].审计研究,1991(3):20.
[②] 审计署固定资产投资审计司编写组.公共工程竣工决算审计指南[M].北京:中国时代经济出版社,2019.
[③] 时现.关于公共工程投资绩效审计的思考[J].审计与经济研究,2003,18(6):28.
[④] 花拥军,陈迅,张健.公共工程社会评价指标体系分析[J].重庆大学学报(自然科学版),2005,28(7):145.
[⑤] 王晓生.公共工程项目绩效评价的经济学分析[J].审计研究,2009(3):42.
[⑥] 刘贵文,沈岐平,徐鹏鹏.基于价值管理的公共工程决策机制改进研究.[M].重庆:重庆大学出版社,2013.

性，公共产品的建设是为社会的共同利益服务。

从公共工程本质的第一个内涵来看，我国政府对公共工程的主导模式，在改革开放以前采用的是国家直接投资模式，政府组织建设并在建成后进行运营管理，使得公共工程一度与政府建设项目或政府投资项目概念相同。进入改革开放以后，各种公共基础设施项目大量建设，为缓解公共财政资金的不足，国家允许私人投资参与公共工程的建设，出现了大量PPP项目。政府使用国家预算安排资金投资建设的公共工程，主要以非经营性项目为主，经营性项目则主要依靠市场配置资源。民间投资和外资越来越多地参与公共工程的建设，使公共工程的投资主体呈现多元化，但是公共工程建设中政府始终占据主导性地位，其他资本的介入不能完全取代政府在公共工程投资方面的主导性职能。萨伊（Jean-Baptiste Say）认为："有些事业非由政府自己经营不可""政府虽然没有可能成为成功的生产者，无论如何它却可通过计划周详、办理妥善和维修得当的公共土木工程，特别是公路、运河、港口等等，强有力地刺激私人生产力。"[1]

由于公共工程投资主体的多元化，私人资本和私人公司的介入使"公共工程"与"政府建设项目"或"政府投资项目"不再具有统一的含义，[2] 仅从资金来源即投资主体这一角度来界定公共工程并不恰当。那么公共工程本质的第二个内涵就成为公共工程区别于其他工程的特征，公共工程从其用途和功能来讲，是具有公共性和公益性的固定资产投资项目，是为了全社会的共同利益，多数情况下不以项目的直接营利为目的。

综上所述，本书将公共工程定义为：以促进经济社会发展、保障公民生活水平和公共安全为目的，在政府主导下为全社会共同利益而建设并维护的工程项目，主要是公共基础设施项目。

二、公共工程的类型

（一）按照公共工程投融资主体划分

按照公共工程投融资主体的不同，可以把公共工程划分为政府投资公共工程、国有企业投资公共工程和其他主体投资公共工程三类。政府投资公共工程是政府投资或政府投资为主的公共工程，《中华人民共和国审计法实施条例》（中华人民共和国国务院令第571号）（以下简称《审计法实施条例》）对政府投资为主的项目按如下原则界

---

[1] 萨伊. 政治经济学概论：财富的生产、分配和消费 [M]. 陈福生，陈振骅，译. 北京：商务印书馆，1997：220.

[2] 时现. 关于公共工程投资绩效审计的思考 [J]. 审计与经济研究，2003（6）：28.

定：一是按财政资金比例划分，全部使用财政资金或财政资金占总投资超过50%的项目；二是按政府是否拥有实际控制权划分，即财政资金虽然不足50%，但政府拥有项目建设、运营实际控制权的项目。政府投资公共工程按照资金来源又可以分成：财政性资金项目（包括国债资金项目）、财政担保银行贷款项目、财政担保的国内外金融组织的贷款、外国政府赠款以及国际援助资金项目。国有企业投资公共工程是国有或国有资本占控股地位或主导地位的企业投资的项目，其他主体投资公共工程是由私人投资、外资、非国有企业或政府投资不足规定比例或不具有控制权的项目。

（二）按照公共工程管理权限划分

公共工程按照管理权限可以分为中央公共工程和地方公共工程。我国对中央和地方管理的公共工程，在权限划分上主要依据项目性质、资金来源和建设规模进行划分。中央公共工程由国务院、中央政府投资主管部门或行业主管部门按建设程序进行审批，并由专门组建的中央政府投资工程管理机构集中管理。地方公共工程是除国家有特殊规定外，由地方政府相关主管部门按建设程序进行审批，并由专门组建的地方政府投资工程管理机构集中管理。

（三）按照公共工程营利性划分

公共工程按照营利性可以划分为非经营性公共工程、准经营性公共工程和经营性公共工程。非经营性公共工程具有纯公共产品的性质，无偿提供给使用者，不产生直接经济效益，甚至日常经营费用和维修费用也需要从外部补充，主要由政府投资，包括社会公益服务、公共基础设施、农业农村、生态环境保护、重大科技进步、社会管理、国家安全等公共领域的公共工程，例如，环保工程、城市防灾体系、国防工程等。准经营性公共工程由于政府限制收费，因而投资回报率低，例如，道路、机场、城市轨道交通、医疗卫生等工程。根据回报率的高低，准经营性公共工程可以进一步分为低收费项目和一般收费项目，低收费项目的产出服务虽有收益，但并不足以回收投资，通常不能完全补偿日常经营费用和维修费用，更不能通过收益实现盈利。一般收费项目的经营收入虽然可以在一定程度上补偿经营费用并部分地实现投资回收，但是无法完全依靠经营收入维持日常运营、维护和更新所需的费用，需要由政府、国有企业或者私人投资。经营性公共工程可直接产生经济效益，具有较好的投资盈利回报，能够全部回收投资，而且能够产生一定的资本积累，主要由企业或私人投资，例如，商场、影院、运动场馆等。

(四) 按照公共工程所属行业类别划分

根据财政部政府和社会资本合作中心的划分方式，将公共工程按照所属行业类别不同，划分为保障性安居工程、城镇综合开发、交通、运输、农业、教育、科技、林业、旅游、能源、社会保障、生态建设和环境保护、体育、市政工程、文化、养老、医疗卫生、政府基础设施、水利建设、其他等二十种。这种划分便于对公共工程分行业进行管理和统计。

三、公共工程的特点

(一) 投资的大额性

现代城市人口的聚集、科技的发展、运输的便利带来城市规模的扩展，为满足公众生活和利益所需，公共工程的建设规模随之扩大，服务范围更加广泛，设计上体现更高的科技性，技术上体现更高的难度，加之各种生产要素价格的上涨，公共工程在投资上体现出大额性。以 PPP 为例，根据财政部政府和社会资本合作中心网站公开的资料，2013 年 1 月 1 日至 2021 年 12 月 31 日，PPP 管理库项目投资金额 10 亿元以上的项目有 3196 个，占项目总数的 32%；3 亿~10 亿元的项目有 3847 个，占项目总数的 38%；1 亿~3 亿元的项目有 2196 个，占项目总数的 22%；1 亿元以下的项目有 780 个，占项目总数的 8%，投资 1 亿元以上的项目总计占比 90% 以上，[①] 说明公共工程投资具有大额性特征，具体情况如图 2-1-1 所示。

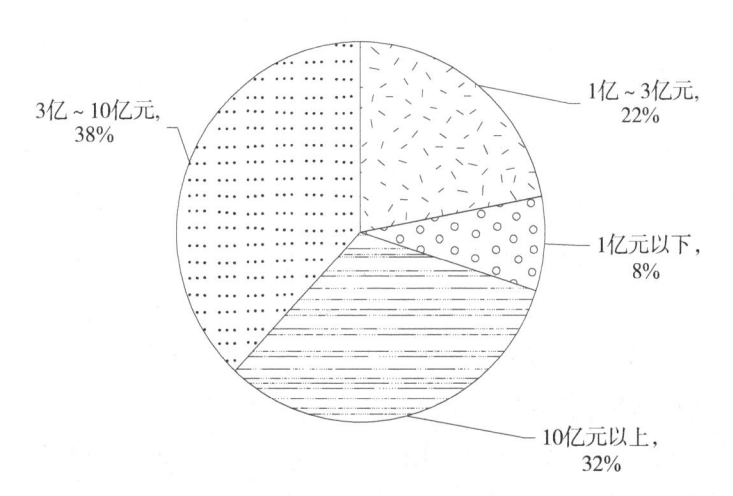

图 2-1-1 截至 2021 年 12 月 31 日我国 PPP 管理库不同投资金额段的项目数量占比情况

---

① 财政部政府和社会资本合作中心. 管理库项目［EB/OL］.［2022-07-30］. https://www.cpppc.org:8082/inforpublic/homepage.html#/searchresult.

（二）影响的广泛性

公共工程因其公共属性，对经济社会、民生、环境等都具有广泛的影响。仍以PPP为例，截至2022年7月29日，全国PPP综合信息平台管理库累计共有项目10 312个，项目总金额164 352亿元，分属19种不同行业，[①] 项目数量位列前三的行业分别是：市政工程、交通运输、生态建设和环境保护，具体情况如表2-1-1所示。从表中可以看出，全国PPP管理库数量排名前十的项目合计占比88.90%，所属行业与城市建设、交通运输、生态与环境保护、民众生活等息息相关，对社会生活的影响具有广泛性。

表2-1-1 全国PPP管理库数量排名前十的项目所属行业

序号	所属行业	项目数量	数量占比
1	市政工程	4225	40.97%
2	交通运输	1439	13.95%
3	生态建设和环境保护	948	9.19%
4	城市综合开发	622	6.03%
5	教育	531	5.15%
6	水利建设	444	4.31%
7	旅游	298	2.89%
8	医疗卫生	236	2.29%
9	政府基础设施	224	2.17%
10	保障性安居工程	201	1.95%
	合计	9168	88.90%

（三）目标的绩效性

公共工程建设的绩效目标内容包括公共工程的经济效益、社会效益、环境和生态效益。公共工程因其公共性和公益性，并不侧重追求财务收益和经济效益，特别是非经营性项目，以实现社会效益、环境和生态效益为主要目的。公共工程社会效益的范围非常广泛，涉及政治、经济、文化、科技、教育、卫生、资源环境等诸多方面，在这些效益内容当中，还需要特别关注社会公平，促进全社会共同发展。在环境和生态效益方面，公共工程建设会对自然环境带来影响，自然环境又分为物理环境和生物环

---

① 财政部政府和社会资本合作中心. 全国PPP综合信息平台项目管理库［EB/OL］.［2022-7-30］. https://www.cpppc.org：8082/inforpublic/homepage.html#/projectPublic/.

境。物理环境主要由水体、大气、矿藏、土壤等无机界组成，生物环境则主要由动物、植物和微生物等有机界组成。一直以来，我国政府对生态环境保护高度重视，习近平总书记关于"碳达峰、碳中和"的论述彰显了我国坚持绿色低碳发展的战略方向，公共工程在设计、建设和运营各阶段都要考虑对环境和生态带来的影响，在环境保护方面采取有效措施，例如，要求环保设施同步设计、同步施工和同步运营，在施工过程中采取降噪、降尘措施，合理处置建设垃圾，在运营阶段严格控制三废指标，等等。

（四）管理的复杂性

公共工程建设管理的复杂性，体现在以下几个方面：一是参与主体的多样性增加了协调难度。直接参与工程建设的单位包括建设单位、勘察设计单位、施工单位、监理单位、设备材料供货单位、造价咨询单位、招投标代理机构等，在监管方面有政府的计划、建设、财政、国土资源、环保等部门，各主体管理或监督的目标不相同，利益不同，不同主体之间的相互博弈带来协调上的困难，如果各参与方之间缺乏有效的沟通与合作，就会增加建设管理的难度。二是参与主体之间关系的复杂性加大了管理难度。建设单位与其他参与单位之间缔结合约，依靠民事合同进行约束，双方是平等的民事法律关系。政府监管部门与各参与主体之间依照法律法规形成的是监管与被监管的关系，政府监管性质上属于行政监管。在法律法规不尽完善之时，将形成各种壁垒和矛盾，例如，当前政府投资项目推行代建制，法律法规对代建单位的管理还没有明确规定，代建活动的法律性质、代建单位的权责、代建单位和业主的关系以及政府对代建单位的监管内容等都需要进一步明确。三是建设目标的多维性增加了管理的复杂性。公共工程具有投资目标、质量目标、进度目标、安全目标、环境目标等目标，各目标之间相互制约，为了实现效益的最大化，建设和监管主体需要对工程进行多目标统筹管理。四是近年来建筑信息模型（building information modeling，简称 BIM）、地理信息系统（geographic information system，简称 GIS）、云计算（cloud computing）、大数据（big data）、人工智能（artificial intelligence，简称 AI）、物联网（internet of things，简称 IoT）等新一代信息技术的发展为传统建筑行业带来巨大的变化，信息通信技术提高了信息数据传递的时效性和准确性，但也对公共工程的管理模式提出了新的要求。

四、公共工程与政府工程

（一）政府工程的定义

通俗地讲，政府工程就是由政府投资的工程项目，又称政府投资建设项目，即建设资金中全部或部分使用政府财政预算资金的项目。政府工程的核心在于政府投资，是政府使用财政资金增加全社会的共同利益，促进社会公平的一种手段，虽然在不同的法律法规或规范文件中对政府投资有不同的表述，但其内涵和外延基本一致。主要有以下几种：

（1）《政府投资条例》（中华人民共和国国务院令第712号）定义政府投资是：在中国境内使用预算安排的资金进行固定资产投资建设活动，包括新建、扩建、改建、技术改造等。政府投资资金主要投向市场不能有效配置资源的社会公益服务、公共基础设施、农业农村、生态环境保护、重大科技进步、社会管理、国家安全等公共领域的项目。关于"预算安排的资金"的具体内容，根据《中华人民共和国预算法》（以下简称《预算法》）的规定，预算包括一般公共预算、政府性基金预算、国有资本经营预算、社会保险基金预算。一般公共预算支出按照其功能分类，包括一般公共服务支出，外交、公共安全、国防支出，农业、环境保护支出，教育、科技、文化、卫生、体育支出，社会保障及就业支出和其他支出。政府性基金预算、国有资本经营预算和社会保险基金预算的收支范围，按照法律、行政法规和国务院的规定执行。

（2）《审计法实施条例》（中华人民共和国国务院令第571号）所指的政府投资包括预算内投资资金、专项建设基金、政府举借债务筹措的资金等财政资金。根据《预算法》的规定，专项建设基金、政府举借债务筹资都应当列入预算，政府举借债务列入一般公共预算。专项建设基金属于政府性基金，根据财政部印发的《政府性基金管理暂行办法》（财综〔2010〕80号）的规定，政府性基金是各级人民政府及其所属部门根据法律、行政法规和中共中央、国务院文件规定，为支持特定公共基础设施建设和公共事业发展，向公民、法人和其他组织无偿征收的具有专项用途的财政资金，政府性基金属于政府非税收入，全额纳入财政预算。

（3）《中华人民共和国政府采购法》（以下简称《政府采购法》）将使用财政性资金采购的工程纳入政府采购的范围，这里的工程指建设工程，包括建筑物和构筑物的新建、改建、扩建、装修、拆除、修缮等。采购的主体包括各级国家机关、事业单位和团体组织，采购工程的范围在依法制定的集中采购目录以内或者价格在采购限额标准以上。《中华人民共和国政府采购法实施条例》（中华人民共和国国务院令第658号）（以下简称《政府采购法实施条例》）规定，财政性资金是纳入预算管理的资金，以财政性资金作为还款来源的借贷资金，视同财政性资金。因此，判断资金性质是否属于财政性资金，其标准不在于资金来源的方式是财政拨款还是单位自筹、经营收入、贷款、发行债券等，而是看资金是否纳入预算管理，只要纳入管理都属于财政性资金。

综合分析，政府工程的定义包含投资资金性质、投资目的、投资功能和用途等要素。本书对政府工程的定义是：为了满足人民生活的需要，推进经济和社会发展以及出于政治、国防等因素的考虑，政府利用财政预算资金开展的公共领域的固定资产投资建设活动及其成果。政府工程具有公共性、公益性、服务性等特征。

（二）政府工程的类型

1. 按照投资主体和管理权限划分

政府工程按照投资主体和管理权限的不同划分为中央政府工程和地方政府工程。中央政府工程按照工程性质、资金来源和建设规模，分别由国务院、中央政府投资主管部门以及行业主管部门按建设程序进行审批，并由专门组建的中央政府工程管理机构实施集中管理。地方政府工程除国家有特殊规定以外，均由地方政府主管部门按建设程序进行审批，并由专门组建的地方政府工程管理机构实施集中管理。除涉及国家秘密的项目以外，投资主管部门和其他有关部门通过投资项目在线审批监管平台，使用在线平台生成的项目代码办理政府投资项目审批手续。

2. 按照政府工程的性质划分

政府工程按照性质不同划分为经营性项目和非经营性项目。经营性项目具有营利性质，经营收益对项目投资回收起到积极作用，包括电力、轨道交通、高铁、机场等都属于经营性项目。非经营性项目并不追求项目的直接经济效益，以实现社会效益、环境效益为目标，具有公益性，公立学校、公立医院以及行政、司法机关办公建筑等属于非经营性项目。

（三）公共工程与政府工程的关系

公共工程与政府工程的关系随着我国投资管理体制的改革发生变化，在改革开放以前，我国公共工程全部由政府投资，公共工程全部属于政府工程，公共工程等同于政府工程。改革开放以后，我国逐步建立起社会主义市场经济制度，打破了政府主导的单一投资体制，2004年7月，《投资体制改革的决定》下发以后，我国逐渐形成了新的投资体制格局，公共工程逐渐利用其他融资方式投资建设，私人资本进入公共工程投资领域且投资范围逐步扩大，公共工程不再完全由政府进行垄断投资。同时，政府工程在公共工程中所占比例越来越小，公共工程与政府工程从等同关系逐渐变化成相互交叉的关系，交叉部分即为政府投资的公共工程。

五、公共工程的监管

中文的监管具有监督与管理两层含义。《辞海》对监督的定义是"监察督促,《后汉书·荀彧传》:'古之遗将,上设监督之重,下建副二之任。'"[1] 管理在管理学中指社会组织中为实现预期目标进行的以人为中心的协调活动,目的是实现预期目标。管理的本质是协调,使个人的努力与集体的预期目标相一致。与中文监管对应的英文是"regulation",被翻译为"管制""规制""监管",一般常用的是"监管"。史普博(Daniel F. Spulber)在《管制与市场》中提出,监管是由行政机构制定并执行的直接干预市场配置机制和间接改变企业和消费者的供需决策的一般规则或特殊行为。[2] 监管是一个多维度的概念,从经济学角度,监管由政府的各种规章制度组成,其内容是强制企业的经营行为符合政府的要求,监管的基本手段是制定政府条例和设计市场激励机制,以达到控制企业的价格、销路或生产决策的目的。从行政学角度,监管是政府为履行行政职能而对行政相对人实施的一种控制活动,政府机构根据法律授权,通过一定的行政手段或准立法、准司法手段,对企业、消费者等行政相对人的行为实施控制。从法学的角度,监管被认为是公法工具,可以通过政府进行强制,或者通过半自治的、但属于非营利组织的代理机构进行强制。

(一)公共工程建设监管体制

我国公共工程监管体制与投融资管理体制的改革密不可分,根据投融资管理体制的改革进程,我国公共工程监管模式可以划分为两个阶段:第一阶段是20世纪50年代初至20世纪70年代末,公共工程投资主体全部为政府或国有企业,其监管模式为以计划经济为基础,是一种政府直接控制的监管模式;第二阶段是20世纪70年代末实行改革开放以来,公共工程逐步形成政府、企业、个人、外资等多元化投资主体格局,特别是《投资体制改革的决定》的发布,推动了公共工程建设监管模式的改革,公共工程监管模式分不同投资主体区别对待,形成了以市场经济为基础的监管模式。

1. 以计划经济为基础的监管模式

改革开放前30年,我国投资管理体制是由中央政府主管全国建设工作,国有单位的投资建设全部纳入国家计划。这种监管模式的主要特点是:①内容上属于全面严格

---

[1] 辞海.监督[M/OL].[2022-07-20].https://www.cihai.com.cn/search/words?q=%E7%9B%91%E7%9D%A3.

[2] 丹尼尔·F.史普博.管制与市场[M]余晖,等译.上海:格致出版社,上海三联书店,上海人民出版社,2008.

监管。监管内容基本上覆盖了市场主体、市场行为、建设程序、交易方式等所有方面。承包商进入市场全部由政府审批，除《中华人民共和国建筑法》（以下简称《建筑法》）规定的抢险救灾及其他临时性房屋建筑和农民自建低层住宅的建筑活动以外，所有的建设工程项目的建设程序都要依法进行，所有建筑市场主体的市场行为都在政府的监管范围之中。②方式上属于政府直接监管。表现为维持建设市场秩序的主要力量是政府，政府几乎要承担监管主体的所有责任，包括决策主体责任、发现违法违规责任、执法责任、维护市场秩序责任，这种监管方式没有发挥好市场自我调节作用，政府的监管任务非常沉重。③约束机制上以政府约束为主。市场主体受到来自政府的外部约束过多，市场机制作用小，自主能动性发挥少，企业很难成为真正的市场主体，抑制了建设市场的发展。

这个阶段的工程建设管理模式主要有：建设单位自营模式、以建设单位为主的甲乙丙三方制模式、投资包干责任制、工程指挥部模式。建设单位自营模式又称基建处模式，是在建设单位（也是项目使用单位，包括国家机关、政党组织、社会团体、事业单位等）内部设立基建机构，由建设单位自行组织设计人员与施工人员、购置施工设备与材料，自行组织工程项目建设。1949—1957年，我国建设管理模式主要采取建设单位自营模式。在"一五"时期，我国学习苏联模式，探索实行甲乙丙三方制模式，根据建设需求，由政府投资主管部门组建甲方（建设单位），并将设计任务承包给乙方（设计单位），施工任务承包给丙方（施工单位），建设单位自行负责工程项目的全过程管理，设计、施工等任务由各自的主管部门采取行政指令的方式指定，工程管理问题由各自主管部门负责协调与解决。投资包干责任制在"二五"时期开始应用，建设主管部门向建设单位或者施工单位下达建设任务，批准建设资金、材料和设备，由建设单位或施工单位包干完成。工程指挥部模式是在工程前期筹备阶段成立项目筹建处，在工程开工前由项目主管部门从本行业、本地区所管辖的单位中抽调专门人员组成工程指挥部，负责建设期间的设计、采购和施工管理及后期移交等全过程的项目管理工作，项目移交以后工程指挥部解散。

2. 以市场经济为基础的监管模式

改革开放以后，我国逐步建立起以市场经济为基础的建设监管模式，在机制上着力发挥市场的调节作用，建立起建设市场的基本秩序，使市场主体之间形成相互制约关系。政府需要直接管理的内容减少，监管范围主要集中在市场失灵的一些领域，监管职能主要是制定实施工程建设标准，确保实现建设规划，确保公共环境、安全、卫生等。

法治视角下的公共工程国家审计研究

当前,政府对工程监管的特点有:①监管方式针对不同投资主体区别对待。对政府投资工程和企业投资工程采用不同的监管方式,政府投资工程仍然沿用审批制,采用严格管理模式,特别是对关系国计民生的重要工程,在监管内容、监管环节上较之一般工程更为严格。企业投资工程的管理内容和方式逐步市场化,区别不同项目实行核准制和备案制,根据《企业投资项目核准和备案管理条例》(国务院令第673号),对关系国家安全、涉及全国重大生产力布局、战略性资源开发和重大公共利益等项目实行核准制。根据《政府核准的投资项目目录(2016年本)》[①]确定实行核准制的项目类型,目录外项目则实行备案制。②约束机制转向市场约束。企业投资项目以市场约束为主,政府对企业的约束逐渐放松,企业逐步成为真正的市场主体,按照市场规则运行,政府监管成本降低,建设市场发育逐步完善。

当前,我国政府投资项目管理模式主要有:大型项目工程指挥部模式、项目法人责任制和代建制。①大型项目工程指挥部模式。一些大型工程仍然采用工程指挥部模式,由政府部门主管领导担任总指挥,领导层与实施层之间增设项目法人组织层,工程完成后解散指挥部。例如,2012—2014年建设的南宁火车站东站片区基础设施工程,是一种领导小组加工程指挥部模式。该项目成立建设工作领导小组,领导小组下设现场指挥部,并委托项目管理公司承担项目的全过程项目管理服务工作,由现场指挥部负责统筹协调各业主单位。②项目法人责任制。1996年4月6日发布的《关于实行建设项目法人责任制的暂行规定》(计建设〔1996〕673号)[②],要求国有单位经营性基本建设大中型项目在建设阶段必须组建项目法人。1996年6月14日发布的《国家重点建设项目管理办法》(计建设〔1996〕1105号),[③]要求国家重点建设项目实行建设项目法人责任制,项目法人依照国家有关规定对国家重点建设项目的建设资金、建设工期、工程质量、生产安全等进行严格管理。项目法人责任制由项目法人按照《中华人民共和国公司法》成立有限责任公司或股份有限公司,对项目的策划、资金筹措、建设实施、生产经营、偿还债务和资产的保值增值等实行全过程负责。1999年发布的《国务院办公厅关于加强基础设施工程质量管理的通知》(国办发〔1999〕16号),扩

---

① 依据为《国务院关于发布政府核准的投资项目目录(2016年本)的通知》(国发〔2016〕72号),此前共有三个版本,分别是《政府核准的投资项目目录(2004年本)》《政府核准的投资项目目录(2013年本)》《政府核准的投资项目目录(2014年本)》,均已废止。

② 该文件根据2016年1月1日《国家发展和改革委员会关于废止部分规章和规范性文件的决定》(中华人民共和国国家发展和改革委员会令第31号)废止。虽然该文件失效,但这一管理模式仍然存在并由其他文件推行。此外,煤炭工业部、水利部等部门关于实行法人责任制的文件仍然有效。

③ 1996年6月3日国务院批准,1996年6月14日国家计划委员会发布,根据2011年1月8日《国务院关于废止和修改部分行政法规的决定》(国务院令第588号)修订。

大了实行项目法人责任制的范围,除军事工程等特殊情况外,基础设施项目都要实行项目法人责任制。此外,项目法人责任制也开始应用到非经营性政府投资项目,项目法人责任主体也不仅限于公司,如港珠澳大桥工程的项目法人港珠澳大桥管理局即为事业单位,是2010年由香港特别行政区政府、广东省人民政府和澳门特别行政区政府组织成立。③代建制。1993年,代建制在厦门首次开展试点工作,随后上海市、北京市、深圳市等地的政府投资项目开始普遍实施代建制。2004年通过的《关于2003年国民经济和社会发展计划执行情况与2004年国民经济和社会发展计划的决议》,提出政府投资项目积极推进代建制。同年颁布的《投资体制改革的决定》明确提出在非经营性政府投资项目中推行代建制。代建制是通过招标等方式选择专业化的项目管理单位作为代建单位,由代建单位负责工程的建设实施,严格控制项目投资、质量和工期,竣工验收后将工程移交给使用单位的一种建设管理模式。代建制在我国实行的时间还不长,在全国形成了多种代建制管理模式,比较典型的是深圳模式、北京模式、上海模式。深圳模式是由市政府直属的事业单位负责政府投资项目的管理;北京模式是由北京市发展与改革委员会通过招投标确定代建单位,并与代建单位、使用单位签订三方代建合同;上海模式是由政府、政府所属投资公司、工程管理公司形成三级管理。代建制按照代建单位产生和管理方式的不同又分为政府专业管理机构模式、政府指定代建公司模式、公司代建模式等,分别由不同类型的机构或公司充当代建单位。代建合同的类型也不尽相同,有委托代建合同、指定代建合同和三方代建合同,委托代建合同是政府主管部门下设具有法人资格的项目业主与代建单位签订代建合同,项目使用单位不是代建合同的主体,项目建成后移交项目使用单位;指定代建合同是由政府主管部门通过招投标等方式选取代建单位,由代建单位和使用单位签订委托代建合同;三方代建合同由政府主管部门、代建单位和使用单位三方签订项目委托代建合同。当前还缺乏规范代建活动的法律法规,代建制的施行带来了监管上的新问题,如何监管代建单位需要法律法规加以明确。项目法人责任制和代建制都是我国政府投资项目业主向市场化、专业化方向改革的结果。

(二)公共工程建设监管主体与内容

公共工程监管是各种监管主体、对象与监管体制形成的一种综合监管系统,按照监督与管理主体的不同,可以分为内部监管与外部监管。公共工程的内部监管是指工程建设参与单位依照国家法律法规、合同以及内部管理制度对工程实施的监督与管理,目的是促进合同的履行和实现建设目标。工程建设参与单位包括建设、勘察、设计、施工、供货、咨询等,这些单位的职能部门负责工程建设的实施和管理,确保工程合同的履行，而内部审计部门则扮演了重要的监督角色，内部审计部门主要依照建设项目内部审计准则以及单位内部管理规章制度对工程实施监督，内部审计部门也可以委托社会审计机构完成监督工作，由社会审计机构依据委托合同完成审计监督工作。

公共工程外部监管包括人大监督、政府监管、国家审计监督、监理单位监管、舆论监督等。其中，政府监管是政府行政机构依据法律授权，通过制定规章、设定许可、监督检查、行政处罚和行政裁决等行政处理行为对社会经济个体的行为实施的直接控制，它的根本特征是依法监管，即依法行政。政府监管兼具监督与管理的职能，监管行为有三种方式：创制行为、监督行为、管理行为。[①] 创制行为的目的是设定监管标准和依据，即拟定法规政策、规章制度，设定许可等作为活动标准，由于其主体为政府行政机构，因而这种创制行为又被称为准立法行为；监督行为指依照法律法规、规章制度、建设规范等，由具有行政监督权的政府机关实施的审查、检查、接受举报等活动过程；管理行为是政府机关依法定职权实施的审批、核准、备案、处理、处罚等活动。三种监管行为密切相关，创制行为为监督行为和管理行为设定依据和标准，监督行为和管理行为常常紧密联系在一起，例如，在审批活动中审查建设活动是否符合有关法律法规，即通过审批这种管理行为对建设活动的合法性实施监督，在质量、安全检查中对违法、违规行为实施处罚，即通过监督行为实施管理。政府对工程的监管既是监督活动又是管理活动。

1. 人民代表大会及其常务委员会

人民代表大会及其常务委员会代表纳税人行使监管权力，监管方式有：制定和完善建设监管的法律，审议和批准重大投资项目投资计划等。

2. 政府行政部门

（1）计划管理部门。计划管理部门通过投资项目在线审批监管平台对公共工程实施计划监管，对不同投资类型的项目分别实行审批、核准和备案程序，我国计划管理部门是国家和地方各级的发展和改革委员会。根据《国家发展改革委关于进一步推进投资项目审批制度改革的若干意见》（发改投资〔2021〕1813号），国家发展和改革委员会将进一步创新和优化投资审批程序，简化特定政府投资项目审批管理。

实行审批制的政府投资项目的审批内容有：①审批项目建议书及投资估算。项目使用管理部门提出项目立项申请，计划管理部门审查，符合立项条件后由计划管理部门上报相应的各级政府批准，各级主管部门按照相应的管理审批权限审核批准。②审

---

① 李德全.工程建设监管［M］.北京：中国发展出版社，2007：3.

批可行性研究报告。可行性研究报告完成后，由建设单位报政府计划管理部门审批。我国不同地区对政府投资项目的可行性报告审批要求不尽相同，根据项目投资金额与重要性的不同，有的仅要求提交项目建议书，有的仅要求提交可行性研究报告，有的要求两者都提交。③审批初步设计及概算。初步设计由政府建设管理部门审批，项目总概算由政府计划管理部门负责审批，并以总概算作为控制项目总投资的依据。项目满足相应条件后，方能列入年度政府投资项目计划，这些条件包括：采取政府直接投资或资本金注入方式的项目，可行性研究报告已经批准或者投资概算已经核定；采取投资补助、贷款贴息等方式的项目，已经按照国家有关规定办理手续；符合县级以上人民政府有关部门规定的其他条件。列入年度政府投资项目计划的项目，按程序由政府提请人民代表大会常务委员会审查批准。④审批施工图设计及预算。施工图设计一般由住房建设行政主管部门审批，项目预算由政府投资审计机构审核，并报政府计划管理部门核定。⑤组织项目竣工验收。政府计划主管部门负责组织政府投资项目的竣工验收。⑥审批投资调整方案。因国家政策调整、价格上涨、地质条件发生重大变化等确需增加投资概算的，建设单位应当提出调整方案及资金来源，按照规定的程序报原初步设计审批部门或者投资概算核定部门核定；涉及预算调整或者调剂的，依照有关预算的法律、行政法规和国家有关规定办理。

针对核准制和备案制项目的监管，政府制定核准项目目录，制定原则从维护社会公共利益角度，仅对重大项目和限制类项目进行核准，其他项目无论规模大小均实行备案制，由企业自主决策、自担风险，企业对投资项目的市场前景进行预测，对项目的经济效益、资金来源和产品技术方案等负责，并依法办理环境保护、土地使用、资源利用、安全生产、城市规划等许可手续和减免税确认手续。对于企业使用政府补助、转贷、贴息投资建设的项目，政府只审批资金申请报告。

核准制项目的监管流程是：①建设单位按国家有关要求编制项目申请报告，报送计划管理部门进行核准。项目申请报告由具备相应工程咨询资格的机构编制，其中由国家发展和改革委员会核准的项目，其项目申请报告应由具备甲级工程咨询资格的机构编制。②计划管理部门受理核准资料，并向项目申报单位出具受理通知书。③计划管理部门委托有资格的咨询机构进行项目评估。④计划管理部门征求意见与专家评议。⑤核准意见回复。向建设单位出具项目核准通知书或不予核准通知书。⑥建设单位拟变更已核准项目的建设地点，或者拟对建设规模、建设内容等作较大变更的，应当向核准机关提出变更申请。

备案制项目的监管流程是：①备案申请。项目单位按照所在地的备案权限划分，直接向相应的计划管理部门申请备案，由该机关作出准予或者不准予备案的决定。②澄清与补充。计划管理部门对申请材料不齐全或者不符合法定形式的，应当在收到项目申请材料后5个工作日内一次告知项目申报单位，要求项目单位进行澄清、补充或者提交相关文件，或者对相关内容进行调整。③征求企业主管部门意见。计划管理部门作出备案决定前，认为有必要的，可以征求行业主管部门的意见。行业主管部门在收到征求意见函（附项目备案申请表）后5个工作日内，应当向计划管理部门提出书面审核意见；逾期没有反馈书面审核意见的，视为同意。④正式备案。计划管理部门应于受理项目备案申请后的10个工作日内作出是否备案的决定并向社会公开。

（2）财政部门。财政部门对政府工程实行资金监管，财政部门为保障财政资金分配和管理活动正常有序运行，对相关主体的财政财务行为实施监控、检查、稽核、督促和反映等活动。我国财政监督专职机构分为中央财政监督机构和地方财政监督机构两大类。中央财政专职监督机构包括财政部监管局和财政部派驻全国各省、自治区、直辖市、计划单列市财政监察专员办事处。地方财政监督机构包括省、市、县各级财政部门的监督机构和派出机构。各级财政监督机构及其派出机构向同级人民政府负责，并接受上级财政部门业务指导。财政部门监管内容和方式主要有：①国库集中支付制度。国库集中支付是将所有财政资金都纳入中国人民银行开设的国库单一账户，统一收支和管理。对政府工程实行国库集中支付制度，消除了财政资金多环节拨付、多头管理、多户头存放的弊端，提高了财政资金使用效益，降低了财政资金运行成本，防止了对财政资金的挤占、挪用和截留，能够从源头上预防和遏制腐败。②财政投资评审制度。财政投资评审，是指财政评审机构或经财政部门委托的具有相应能力的社会中介机构，对政府工程的概算、预算和竣工结算、决算的真实性、合法性与有效性进行评估与审查，为财政部门提供预算编制、资金支付依据，为其他监督部门的评价、追踪问责提供基础性工作的财政管理活动。③项目后评价制度。政府工程实行项目后评价，是指对已经建成并投入使用的政府工程从立项决策直至生产或运营的全过程作出全面的评价。项目后评价的内容包括建设过程评价、经济效益评价、社会效益评价、环境影响评价等方面。实行政府工程后评价制度有助于规范项目后评价工作，提高政府投资决策水平和投资效益。

（3）建设主管部门。我国建设主管部门是住房和城乡建设部以及地方各级住房和城乡建设委员会，对项目资本金、工程招标投标、工程造价、合同管理、工程质量等进行监管。监管内容是：①建筑企业市场准入监管。建设工程造价高、社会影响广泛，直接关系人民生命财产安全，所以政府要求从事建筑活动的企业必须具备一定的素质和能力，我国实行建筑企业市场准入制度，通过制定法律法规，建立了勘察、设计、施工、监理、招标代理、造价咨询等企业和单位资质管理制度。《建筑法》规定，建筑施工企业、勘察单位、设计单位和工程监理单位划分为不同的资质等级，经资质审查合格，方可在其资质等级许可的范围内从事建筑活动。《中华人民共和国招标投标法》（以下简称《招标投标法》）规定，招标代理机构的资格由各级政府住房建设行政主管部门认定。②个人资质执业资格管理。我国建设领域实行个人资质执业资格制度，对建筑师、结构工程师、监理工程师、造价工程师、建造师、公用设备工程师、房地产估价师等实行执业资格注册管理。③项目资本金监管。项目资本金是投资者认缴的出资额，我国自1996年开始实行项目资本金制度，要求投资者必须具有一定比例的非债务资金，是我国独创的重要投资调控工具和风险约束机制。④工程招标投标监管。招标投标制是一项国际惯例，目的是建立公平、公开、公正的竞争机制，保护国家利益、公共利益和招标投标当事人的合法权益。我国于20世纪80年代开始实行招标投标制，工程招标投标制监管的主要内容是规定必须招标和公开招标的工程范围，制定招标方式、程序和规则，管理招标投标代理机构，开展招标投标监督执法和检查。⑤工程造价监管。主要内容是建立市场形成造价的机制，通过市场形成价格，建立适应市场经济的造价管理体系，对工程结算进行监督检查。⑥合同监管。实行合同备案制度，监督合同签订的形式，禁止阴阳合同和不正当竞争，督促合同双方按约履行义务。⑦质量监管。广义的建设工程质量包含了建设产品的安全、节能、外观、环保、功能等内容，狭义的建设工程质量指建设产品的安全。建设工程质量监管由监督机构依法对责任主体履行质量责任的行为、勘察设计文件、检测报告、工程技术资料以及工程实体质量等进行检查监督。⑧消防监管。住房和城乡建设部规定的特殊工程，建设单位应当将消防设计文件报送住房和城乡建设主管部门审查，除特殊工程以外的其他工程，建设单位申请领取施工许可证或者申请批准开工报告时应当提供满足施工需要的消防设计图纸及技术资料。

（4）国土资源与城乡规划主管部门。自然资源部负责监管土地利用和建设规划，土地利用监管的主要职责是拟订国土空间用途监管制度规范和技术标准，提出土地年度利用计划并组织实施，组织拟订耕地、林地、草地等不同性质土地的用途转用政策，指导建设项目用地预审工作，拟订城乡规划管理等监管政策并监督实施；建设规划监管的主要职责是拟订国土空间规划相关政策，建立空间规划体系并监督实施，组织编制国土空间规划和相关专项规划并监督实施，国土空间规划的审核、报批等。

（5）其他管理部门。生态环境部及地方各级生态环境厅、局，按国家规定审批或审查重大开发建设区域、规划、项目环境影响评价文件。人民防空主管部门管理全国的人民防空工作，各级人民防空办公室审批工程的人民防空建设内容是否符合法律法规的规定，监督管理人民防空工程及其设施设备建设质量和安全、维护管理情况。

（6）审计机关。我国在县级以上人民政府设立审计机关，审计署为最高审计机关，地方县级以上审计机关为各级审计局。各级审计机关负责审计监督政府投资项目的预算执行情况和决算，以及关系国家利益和公共利益的重大公共工程项目的资金管理使用和建设运营情况。

3. 建设参与单位

（1）建设单位。建设单位对工程建设的策划、资金筹措、建设实施、生产经营、债务偿还、资产的增值保值等全过程负责，依照国家有关规定以及建设工程合同对工程的建设资金、建设工期、工程质量、生产安全等进行全面管理。实行项目法人责任制的工程，项目法人既为建设单位，也是项目的使用单位。实行代建制的工程，代建单位为建设单位。

（2）监理单位。建设监理制度是从西方引入的一种工程监管模式，我国在20世纪80年代中后期开始实施工程建设监理制度，监理单位与建设单位签订工程建设监理合同，代表建设单位监督管理工程。监理单位对工程质量、投资、进度、安全、合同履行、风险等方面进行监督与管理，并负责协调建设各方的关系，属于国际上业主项目管理的范畴。监理单位具有专业化、社会化的特点，这种监督模式强化了建设单位对工程的监督管理，使工程管理向专业化、社会化管理方式迈进了一大步。同时，监理单位具有独立的、公正的第三方地位，按照工程承包合同的约定监督工程，维护建设单位和施工单位双方的合法权益，从而形成了三方相互制约的建设格局。监理单位的主要任务是对建设过程及参与各方的行为进行监督、协调和控制，以保证项目按预定的工期、投资、质量目标顺利建成，监理监管具有服务性、科学性、独立性和公正性等特征。

（3）总承包单位。工程总承包指的是从事工程总承包的企业受业主方委托，对工程项目的勘察、设计、采购、施工、试运行、竣工验收等实施全阶段或者若干阶段的承包。总承包模式在民用建筑中一般采用设计和施工（design-build）总承包，在以大型装置或工艺过程为主要核心技术的工业建设领域，工艺设备的采购与安装成为投资建设的最重要、最关键的过程，这些过程又与设备技术设计密切相关，一般采用设计－采购－施工总承包（engineering-procurement-construction，简称EPC）模式。总承包单位的工程管理贯穿项目实施全过程，总承包单位以全面履行工程总承包合同为约束条件，依靠自身的技术和管理优势，通过优化设计、合理选择施工方案，在规定的时间内全面完成工程建设任务。

（4）设计单位。设计单位按照工程设计合同的约定负责设计管理工作，包括完成设计任务，提交设计资料，并在工程施工过程中提供设计交底、设计变更、竣工验收等服务。

（5）施工单位。我国施工单位实行项目经理负责制，施工单位的工程管理目标由多维度体系构成，包括工程施工质量（quality）、成本（cost）、工期（delivery）、安全和现场标准化（safety），即QCDS目标体系。施工单位工程管理的任务是履行工程承包合同和落实企业经营目标，依靠自身技术和管理的综合实力，对工程施工全过程进行计划、组织、指挥、协调和监督控制。

（6）供货单位。供货单位依照材料、设备供货合同的约定，对所供应的材料、设备等物资进行质量管理和控制，并按合同约定按期、按质、按量提供合同物资。

4. 社会公众

随着依法治国理念的深入人心和政府投资行为信息透明度的提高，社会监督也成为一种重要的外部监督力量，涉及公共利益的投资活动，如危及环境案例的公共工程得到越来越多的关注。社会监督对规范政府投资行为起到积极作用，其主要形式有媒体监督、行业自律监督等。

第二节　公共工程国家审计

一、国家审计的定义

《审计法实施条例》第2条规定：审计法所称的审计，是指审计机关依法独立检查被审计单位的会计凭证、会计账簿、财务会计报告以及其他与财政收支、财务收支有关的资料和资产，监督财政收支、财务收支真实、合法和效益的行为。

在我国，国家审计又被称为政府审计，对国家审计的定义，具有代表性的观点有：胡泽君主编的《中国国家审计学》定义国家审计是由国家专门机关依法独立对国家重大政策措施落实情况，公共资金、国有资产、国有资源管理分配使用的真实合法效益，以及领导干部履行经济责任、自然资源资产管理和生态环境保护责任情况所进行的监督活动。[①] 该定义强调了国家审计的独立性，从国家审计的主体、内容、职能方面给出定义。郑石桥主编的《政府审计学》定义国家审计是由政府审计机关，服从和服务于国家治理，根据国家法规规定及相关授权，对各级政府、经济管理部门、金融机构、国有企业、国家控股企业

---

① 胡泽君. 中国国家审计学[M]. 北京：中国时代经济出版社，2019：3-4.

和事业单位的财政财务收支以及所反映的经济活动的真实性、规范性、合理性和效益性进行的独立性经济监督活动。[①] 该定义包含了国家审计的主体、地位、审计依据、审计对象、审计内容、审计目标、审计职能等要素。刘力云等对国家审计基本概念和定义的认知开展专家访谈,访谈结果显示当前对国家审计基本概念和定义的认知还没有形成一致观点,通过研究总结出目前共识较多的国家审计定义是:对受托管理和使用公共资源的责任履行情况进行的独立的监督活动。[②] 该定义指明受托责任的内容是管理和使用公共资源,强调审计独立性的特征,落脚点是国家审计的监督职能,本书认同这一定义。

二、工程审计名称沿革

在工程审计领域,基本建设项目审计、固定资产投资审计、投资审计、建设项目审计、工程审计都是常见的称谓,这些称谓来源于我国在不同发展时期对工程建设的认知和管理方式的不同。我国在20世纪50年代初至20世纪80年代常用"基本建设"指把投资转化为固定资产的生产经济活动,基本建设的内涵在此期间也在不断发生变化。1953年以前,基本建设的范围包括固定资产投资的全部投资,此后为了适应生产管理的需要,从1954年开始至1981年之前,原列入基本建设计划中的部分资金逐渐从中分离出来,统称为技术改造资金,包括新产品试制费、技术组织措施费、劳动安全措施费、零星基本建设投资、矿山或林区的采掘、采伐工业的开拓延伸费、设备更新资金等,技术履行资金由其他渠道安排资金来源。1982年之后,基本建设投资和技术改造投资成为固定资产投资中并列的两大部分,基本建设用来指以扩大生产规模为目的,能够带来外延式增长的建设投资;技术改造投资也被称为更新改造项目,指以提升技术水平和生产效率为目的,能够为项目带来内涵式增长的建设投资。此后又逐渐将基本建设与更新改造投资合称为建设项目投资。

固定资产投资是建造和购置固定资产的经济活动,即固定资产再生产活动,是社会固定资产再生产的主要手段。固定资产投资包含了基本建设投资、更新改造工程投资以及购置固定资产的活动。

建设项目与基本建设、固定资产投资等词汇的含义既具有相关性,又有它们各自特定的使用语境,从三者内涵来看,建设项目包含了基本建设和更新改造工程,固定资产投资中建造活动的对象就是建设项目,单独购置固定资产的活动不属于建设项目。从固定资产投资的统计范围来看,城乡建设项目投资中500万元以下(2011年起)不

---

① 郑石桥.政府审计学[M].北京:高等教育出版社,2021:1-2.
② 刘力云,崔孟修,王慧,等.对国家审计基本概念仍需深入研究:基于一项有关国家审计基本概念和定义认知访谈结果的分析[J].会计之友,2021(8):20.

计入固定资产投资,同时建设工程项目总投资的构成既包括固定资产投资,还包括流动资金投资(生产性项目),建设成果除了形成固定资产,还形成流动资产(生产性项目)、递延资产(如开办费)和无形资产(如土地使用权)等,因此从固定资产投资统计的角度,建设工程项目与固定资产投资在内涵上是交叉关系。三者的外延具有以下特点:基本建设是国民经济固定资产再生产的重要手段,是从建设活动在国民经济中所处地位来定义的经济活动,突出其基本性、重要性,具有显著的时代特征,并逐渐被建设项目或建设工程取代;固定资产投资是从投资主体和资金运行角度定义的经济活动,关注其投资效益,主要用于财经管理领域;建设工程或建设项目是从建设对象的角度定义建设管理活动,强调对建设过程的管理和控制,多用于工程建设领域。[①]

综上分析,我国对工程建设称谓的变化,给我国工程审计的称谓带来了影响,由于工程建设最初被称为基本建设,因而审计活动也被称为基本建设审计,随着基本建设一词逐渐被建设项目替代,当前基本建设审计的说法也较少使用。我国工程建设审计一开始主要关注资金的运行情况,因此经常被称为固定资产投资审计或投资审计,目前审计关注的重点从资金使用扩大到工程建设目标的实现和建设管理活动,因此又被称为建设项目审计,两者经常不加区分的使用。工程本身的含义很广泛,相对于建设项目审计和固定资产投资审计,工程审计相对精准地体现对工程类经管责任的鉴证、评价和监督,[②] 本书也使用了工程审计这一称谓。

三、公共工程国家审计的定义

我国工程审计发展历程中,对工程审计有固定资产投资审计、投资审计、建设项目审计、建设工程审计和工程项目审计等各种称谓,本书将以上关键词的定义都纳入分析范围,统一称为工程审计。工程审计的定义多见于各种教材,个别出于研究论文,一般包含了审计主体、审计依据、审计方法、审计内容、审计目标、审计职能等几个方面,本书将相关文献对工程审计定义所包含的要素进行归纳,如表2-2-1所示。表中大多数定义工程审计的主体是审计机构和审计人员,并且强调审计主体的独立性。审计依据有国家颁布的方针政策、法律法规、财务制度、工程建设管理标准、技术经济指标、管理规范、规章制度等,审计方法主要是审计技术方法或系统方法,审计内容有建设全过程的技术经济活动、建设行为、工程类经管责任履行情况等,审计目标有真实性、合法性、效益性三个方面,审计职能是经济监督、评价和鉴证。

---

① 兰玲,王家祥,陈松涛.建设工程审计与案例[M].成都:西南交通大学出版社,2020:3.
② 郑石桥,时现,王会金.论工程审计本质[J].财会月刊,2019(13):115.

表 2-2-1 工程审计的定义包含的要素

作者（时间）	独立性	审计主体	审计依据	审计方法	审计内容	审计目标	审计职能
朱红章[①]（2010）		√	√		√		√
张鼎祖等[②]（2013）	√	√	√	√	√		√
尹平等[③]（2013）		√	√			√	√
时现[④]（2015）	√	√			√	√	√
赵庆华等[⑤]（2020）	√	√	√	√			
郑石桥等[⑥]（2019）				√	√		
兰玲等[⑦]（2020）	√	√	√	√	√		√
姜月运[⑧]（2019）	√	√			√		√

注：①朱红章.工程项目审计[M].武汉：武汉大学出版社，2010：1. ②张鼎祖，谢志明，喻采平，等.工程项目审计学[M].北京：人民交通出版社，2013：32. ③尹平，郑石桥.政府审计学[M].北京：中国时代经济出版社，2013：273. ④时现.建设项目审计[M].北京：中国时代经济出版社，2015：15. ⑤赵庆华，余璠璟，邵荣庆.工程审计[M].北京：机械工业出版社，2020：11. ⑥郑石桥，时现，王会金.论工程审计本质[J].财会月刊，2019（13）：112-115. ⑦兰玲，王家祥，陈松涛.建设工程审计与案例[M].成都：西南交通大学出版社，2020：24. ⑧姜月运.工程项目审计研究[M].北京：人民交通出版社股份有限公司，2019：8.

综合本章内容并借鉴国家审计的定义，本书认为公共工程国家审计是指审计机关对公共工程受托建设和管理责任履行情况进行的独立的监督活动。国家审计机关对公共工程的监督是一种独立的外部监督，目的是评价被审计对象受托责任履行的真实性、合法性、绩效性，发现违法、违纪等问题，提高公共工程投资绩效。

四、公共工程国家审计的分类

（一）按照公共工程建设程序划分

公共工程建设程序大体包括投资决策、征地拆迁、勘察设计、招标投标、签订合同、施工、竣工验收和结算、竣工决算等，公共工程国家审计按照建设程序可分为投资决策审计、征地拆迁审计、施工准备程序审计、施工管理审计、竣工验收和结算审计、竣工决算审计。审计内容是各个阶段的建设管理活动，监督和评价其真实性、合法性和效益性。

1. 公共工程投资决策审计

公共工程投资决策审计是对公共工程投资决策的真实性、合法性、效益性开展审计，审计内容包括项目建议书、可行性研究报告等的编制和审批情况，监督和评价决策资料的完整性、合规性，决策审批手续的合法性、合规性，决策的科学性、效益性。

2. 公共工程征地拆迁审计

公共工程征地拆迁审计是对公共工程土地征收程序的真实性、合法性和效益性开展审计。审计内容包括土地征收计划、拆迁批复及行政许可、征收范围、报批及公告、补偿资金、社会风险评估等各项情况。

3. 公共工程施工准备程序审计

公共工程施工准备程序审计是对公共工程施工准备程序的真实性、合法性和效益性开展审计。审计内容包括工程勘察文件、设计图纸、招投标资料、合同签订、概算编制、审批以及调整等各项情况。

4. 公共工程施工管理审计

公共工程施工管理审计是对公共工程质量、安全、进度管理的真实性、合法性和效益性开展审计。审计内容包括工程参建单位的质量、安全、进度责任履行、事故处理措施、质量验收、工程变更与索赔、安全管理责任制、现场安全管理、安全文明施工费用、工程进度计划的编制与执行、进度款编制与支付、工程合同的履行等各项情况。

5. 公共工程竣工验收和结算审计

公共工程竣工验收和结算审计是对公共工程竣工验收、结算办理情况的真实性、合法性和效益性开展审计。审计内容包括验收程序、验收报告、工程档案、规划、消防、环保等专业验收资料、工程变更与签证费用、工程索赔费用、竣工结算等各项情况。

6. 公共工程竣工决算审计

公共工程竣工决算审计是对公共工程竣工决算的真实性、合法性和效益性开展审计。审计内容包括竣工财务决算报表和说明书、概算执行和调整、交付使用资产、项目投资效果评价等各项情况。

（二）按照公共工程审计目标划分

1. 公共工程财务收支审计

公共工程财务收支审计是对国有企业事业单位财务收支的真实性、合法性和效益性开展审计。审计国有企业事业单位在公共工程项目中的财务收支情况，即建设资金的来源和使用情况，以会计凭证、会计科目、会计核算、账务处理、明细账、总账、财务报表、内部控制制度等为主要审计内容，以监督和评价工程财务收支的真实性、合法性为目标。审计对象是国有性质的工程建设相关单位，包括国有建筑施工企业、建设单位、项目管理公司等，通过财务收支审计加强建设单位财务管理和内部控制。财务收支审计本质上属于财务报表审计。

2. 公共工程绩效审计

公共工程绩效审计以促进投资效益的实现为目的，内容包括公共工程的经济效益、社会效益、生态环境效益和其他效益。绩效审计目标主要体现在三个方面：一是检查有关公共工程投资政策的落实情况，促进资金的合理、有效使用；二是通过工程建设过程及经营管理的审计或调查，揭露问题，提出建议，加强对权力的制约和监督，防止和发现腐败；三是促进项目后续运营达到预期效果，调查已建成项目的运营状况，分析不能达到预期效果的原因，从项目建设管理体制、投融资体制及运营机制等宏观制度方面提出审计建议，促进项目的后续运营达到预期效果。当前，公共工程投资绩效审计主要包含以下三种类型：

（1）公共工程造价审计。公共工程造价审计是对公共工程实施过程各阶段的工程造价进行审计，包括对投资估算、设计概算、施工图预算、工程竣工结算、工程竣工决算等进行审计，以监督、评价工程造价的真实性、合法性为主要目的。审计资料主要有工程预算书、结算书、决算报告、工程量清单、设计图纸、施工合同、工程变更、签证、索赔等与工程计价相关的资料。当前开展较多的是对工程竣工结算和决算的审计。例如，审计署近年来开展的长江三峡水利枢纽工程竣工财务决算审计、各地方高速公路重点工程竣工财务决算审计。

（2）公共工程建设管理审计。公共工程建设管理审计是对公共工程的建设活动过程实施监督。建设管理审计在工程项目开工前和项目建设过程中开展，通过建设管理审计将追究责任转变为预防保护。工程开工前对决策活动进行审计，可以监督决策程序的合法性、决策依据的充分性、决策结论的可靠性，避免决策失误；在建设过程中对建设管理活动开展审计，能够对工程建设资金的使用情况、工程质量控制情况、工程建设进度、安全措施、环保措施等进行监督控制，对建设活动的合法合规性，有关建设工程的法律法规和政策制度的执行情况实行监督评价，能够最大限度地提升工程投资效益，促进法律法规和政策制度的落实与完善，确保实现绩效目标。

（3）公共工程专项审计调查。审计机关通过审计调查方法，对与国家财政收支或者本级人民政府交办的特定公共工程以及建设制度有关的事项，向有关地方、部门、单位进行的专门调查活动。专项审计调查侧重于提建议、揭隐患，较之一般意义上的审计具有更强的灵活性。审计机关主要对有关公共工程建设的重大政策措施落实情况开展专项审计调查，例如，重点项目建设情况专项审计调查、土地开发整理项目专项审计调查等。

（三）按照审计介入时间划分

1. 公共工程事前审计

公共工程事前审计又称决策审计或开工前审计，是在工程决策之后，开工之前，对决策的绩效性进行的审计，具体考查工程的经济、效率、效果、公平和环保等方面。审计依据是工程的项目建议书、可行性研究报告等立项文件。审计机构对决策过程是否合规，决策是否符合绩效性作出评价，可以及时发现决策程序违规、依据不足、决策失误或项目投资缺乏绩效等情况，起到促进决策活动合规以及建设项目实现绩效目标的作用。

2. 公共工程事中审计

公共工程事中审计，是审计机构在工程建设过程中开展的审计监督，如审计机构对工程施工进度、工程建设质量、工程进度款的支付等情况开展审计。事中审计在某些特定事项发生时开展审计工作，有利于及时纠正被审计单位在管理上的弊病和违规活动。事中审计与后文所述的跟踪审计区别在于，跟踪审计在时间上具有持续性，审计活动贯穿建设活动的某一个阶段，事中审计只对特定事项开展一次性审计。

3. 公共工程事后审计

公共工程事后审计是公共工程建设完成以后开展的审计，如公共工程竣工决算审计。事后审计能够审查建设过程的全部资料，有助于掌握工程的所有资料和信息，由于工程建设已经完成，审计人员能够避免干预建设过程的风险，审计投入的人力物力也较少，但是事后审计也存在较多的弊端。工程建设是一项周期较长、内容复杂的工作，建设过程的一次性使得犯错成本高，隐蔽工程多使得事后很难取证或取证成本高，建设环境多变使得工程变更多，变更价款经甲乙双方确认后具有合约属性，审计很难推翻双方认可的变更价款，因此事后审计模式容易使审计人员脱离实际，远离具体的建设过程。事后审计在三个方面有不可避免的缺陷：一是审计收缴决定得不到法律支持。在合同审计方面，中标单位中标并签订合同后，其权利和义务即受法律保护，审计机关不可对中标并经合同确定的内容进行审计处理，也不能对甲、乙双方已签字认可的合同以外的变更工程款进行审计处理。二是潜伏着较大的审计风险。审计人员看不到建设项目施工以及有关物资设备进出、安装等具体过程，只能将有关签证单、验收单、进货单等本应加以审计的资料作为审计依据，使资料背后的许多违法违纪问题经审计后披上了合法的外衣,从而放纵了违规违纪行为。三是难以发挥审计的作用。审计人员难以发现建设管理不到位、监理不到位、施工不到位甚至设计不到位等问题,即使发现了一些问题,也很难加以补救,对合同确定的不合理价款无法追缴,实际支出超过预算的部分可能已经构成工程项目实体,无法通过审计的揭露与评价予以挽回。

4. 公共工程跟踪审计

公共工程跟踪审计(follow-up audit)是指随着项目推进,对项目实施过程中的决策、程序、投资、进度、质量控制情况、资金使用及其他事项进行适时评价、持续监督和及时反馈的审计监督,主要侧重于及时发现问题、规范项目管理、提高投资效益。跟踪审计是现代审计的一种新模式,将事后审计变为事中的跟踪审计,在跟踪审计中找准工程建设薄弱环节,规范工程建设行为,提高工程建设管理水平,促使工期、质量、功能和投资实现最佳化,争取最佳投资效果。

西方国家在20世纪90年代后期兴起的"跟踪审计",究其实质相当于我国审计机关的"后续审计"[1],是对工程建设完成以后的一种绩效评价,与我国跟随建设过程审计的跟踪审计有实质上的区别。

国内较早对跟踪审计进行定义的是刘黎、唐银生,他们认为重点建设项目跟踪审计是对纳入重点建设项目计划的建设项目从筹建开始至竣工验收、交付使用为止的投资活动全过程进行连续、系统、全面的审计监督。[2]后续学者对跟踪审计有了更进一步的认识,认为跟踪审计体现了项目建设全过程审计的基本内容,符合项目建设的基本特征要求,[3]实质是实时审计,又被称为同步审计。[4]跟踪审计将建设全过程划分成若干阶段或期间,审计人员在项目建设过程中及时对各阶段或期间的审计事项进行审计,并及时提出审计意见和建议。[5]跟踪审计是为实现被审计项目绩效目的而实施的适时评价、持续监督和及时反馈的审计模式。[6]2020年出版的《公共工程项目跟踪审计指南》对公共工程项目跟踪审计的定义是审计机关依法对公共工程项目自立项至竣工验收投入使用过程中的预算执行、决算以及有关建设、管理活动和投资绩效,进行动态和持

---

[1] 时现,朱尧平,薛蓓儿.建设项目跟踪审计路径选择[J].审计与经济研究,2006(3):8.
[2] 刘黎,唐银生.论重点建设项目的跟踪审计[J].广东审计,1995(6):15.
[3] 时现.论重点建设项目跟踪审计[J].中国审计信息与方法,1997(12):26.
[4] 时现,朱尧平,薛蓓儿.建设项目跟踪审计路径选择[J].审计与经济研究,2006(3):8.
[5] 曹慧明.论建设项目跟踪效益审计[J].审计研究,2005(1):54.
[6] 白日玲.审计机关强化跟踪审计的若干思考:基于大连市审计机关开展跟踪审计的实践[J].审计研究,2009(6):8.

续的全过程审计监督行为。[①]

跟踪审计具有以下特点：①持续性。跟踪审计与建设活动全过程（或某一阶段）相关，希望通过对建设活动全过程（或某一阶段）的监督，实现对建设活动持续性的全过程（或某一阶段）审计。②及时性。跟踪审计在建设活动的各个环节介入，能够及时发现问题，提出审计整改建议，及时纠正问题，避免事后审计证据缺失或者难以取得的弊病。③有效性。跟踪审计可以在合同双方就某一事项达成协议之前（如双方对工程结算进行确认之前），就该事项（如工程结算）的正确性、真实合法性开展审计，避免审计决定得不到执行的弊端。④实地性。工程施工阶段的跟踪审计必须到工程现场，与工程施工过程同步开展，取得第一手的审计证据。

本书将公共工程跟踪审计定义为：由审计机构开展的，对公共工程从筹建开始至竣工验收交付和运营为止的全过程或某一阶段的资金管理使用和工程建设运营情况，进行的一项持续、全面的审计监督活动。

五、公共工程国家审计的职能

《辞海》对审计职能的定义是审计能够完成的职责任务和发挥作用的内在功能，审计职能是客观的，不以人的意志为转移。[②]国家审计的职能回答了国家审计能够做什么的问题，从多年的审计实践和学界观点来看，国家审计的职能包括经济监督、经济鉴证、经济评价，其中经济监督是基本职能。[③]公共工程国家审计的主要职能是经济监督和评价，对工程建设资金使用情况、工程建设活动以及运营情况进行监督，对其真实性、合法性和绩效性作出评价。

六、公共工程政府监管与国家审计的关系

政府建设职能部门是公共工程监管的重要主体，其中计划部门、财政部门、建设主管部门等在公共工程的全程中履行政府公共管理职责，既负责监督工作又负责管理工作，计划管理部门主要负责项目的立项监管，财政部门负责资金监管，建设主管部门负责工程勘察设计、招投标、施工、竣工验收等监管。我国国家审计机关属于行政机关，同时接受中央审计委员会的领导，负责监督公共工程建设资金的管

---

① 审计署固定资产投资审计司编写组.公共工程项目跟踪审计指南［M］.北京：中国时代经济出版社有限公司，2020：3.

② 辞海.审计职能［M/OL］.［2022-07-20］. https://www.cihai.com.cn/search/words?q=%E5%AE%A1%E8%AE%A1%E8%81%8C%E8%83%BD.

③ 孙宝厚.国家审计理论专题研究［M］.北京：中国时代经济出版社，2019.

理使用、建设过程和运营活动，国家审计对公共工程实施的监督既是政府监督行为的一种，也属于党的监督。审计机关为保持外部监督的独立性，只负责监督工作没有管理职能，与其他政府职能部门既监督又管理的行为有很大区别，保持监督的独立性是审计监督的重要特征。国家审计既是对建设参与单位的监督，又是对政府监管行为的再监督。国家审计对政府监管行为的再监督实质是对政府履行公共管理职责的监督，有利于促进政府提高工程绩效，有利于工程建设管理体制和法律法规的完善。

第三章　公共工程国家审计的需求与实践

第一节　公共工程国家审计的需求

一、对受托责任履行情况的监督

受托责任理论认为，审计源于财产所有权与经营管理权的分离，财产所有者将资产委托他人经营管理，主观上要求受托管理者诚实守信并且尽职尽责，由于财产种类复杂、数量庞大和受托者社会分工细化，财产所有者没有足够的精力和能力自行监督，因此需要由独立于受托者的第三方对此进行检查监督，这就诞生了审计需求，即审计机构或者个人以独立的身份，客观公正地监督受托者，向财产所有者报告监督过程和监督结果，使财产所有者能够掌握受托者履行受托责任情况，以保证其财产的安全、增值以及按受托者的要求安排使用。由于财产所有者关注的是财产经营管理活动及其成效，因而受托者的这种责任是一种经济责任。

原始社会由于生产力的落后和物质条件的匮乏，人类社会没有足够的剩余财产需要委托他人予以管理，也无法产生对管理活动的监督需求。随着生产工具的进步和生产力水平的提高，出现了剩余产品，剩余产品聚集到少数权贵手中形成了私有制，人类社会进入奴隶社会，同时出现了受托责任及监督需求。古埃及在公元前3500年左右建立了奴隶制国家，出现了"监督官"负责财政监察、行政监察之类的事务，标志着审计的萌芽。公元前443年，古罗马设立监察官负责监察和审计，我国在西周出现了"宰夫"官职承担审计以及监察活动。[①] 随着人类文明的进步，人类从奴隶社会走向封建社会，对受托责任的监督需求也更为迫切，审计成为封建社会官僚体系中不可分割的一部分。奴隶社会和封建社会的最高统治者家国不分，将全社会的财富视为己有，"溥天之下，莫非王土"[②]，这一历史时期的审计需求，是源于统治者对国家财富占有之

---

① 文硕.世界审计史[M].2版.北京：企业管理出版社，1996.
② 诗经（全译注音版）[M].张南峭，注译.郑州：河南人民出版社，2020：215.

法治视角下的公共工程国家审计研究

下所滋生的监督需要。审计是向统治阶级及其王朝负责的一种监督服务，被监督者则是国家官僚体系中的各级官员和管理者。

人类文明进步一直伴随着城市建设的发展，城市是人类赖以生存的重要基础，人类最初为了满足遮蔽风雨和安全庇护的生存需求建造穴居、巢居，"上古穴居而野处，后世圣人易之以宫室，上栋下宇，以待风雨，盖取诸大壮"。[①]说明人类最早居住在穴居中，然后才有了宫室这样的地面建筑。原始居民点一般沿水而建，初步具有居住、公共活动、手工制作、墓葬等简单功能分区，例如，我国的黄河长江流域、埃及的尼罗河两岸、巴比伦的两河流域。城市是伴随着私有制和阶级的产生，从原始社会到奴隶社会过渡时期产生的。"城"是为了抵御侵略建造的围墙，"市"是剩余产品和私有财产交换的场所，《吴越春秋》记载夏朝时"鲧筑城以卫君，造郭以守民，此城郭之始也"，[②]可见"城"最初是保卫君王安全的围合体。古代社会的统治阶级为了政权和统治，利用大量社会财富以及拥有的权力驱使工匠建造宫殿、府邸、庙宇、教堂以及陵墓，随着经济社会的发展，开始建造所有能提供便利生活和国家经济发展、安全管理的各种城市设施。

城市建造活动的开支始终是国家财政开支的重要组成部分，人们很早就开始对工程开支进行预算，据春秋战国时期《周礼·考工记》记载"凡沟防，必一日先深之以为式，里为式，然后可以傅众力"，[③]就是在修筑沟防时，先确定工人一天能够完成的工作量以及修筑一里沟防所需的人工和天数，以此为标准计算整个工程所需的人力和时间，这是我国早期关于工程预算的记载。《左传》记载，昭公三十二年[④]"己丑，士弥牟营成周。计丈数，揣高卑，度厚薄，仞沟洫，物土方，议远迩；量事期，计徒庸，虑（财）材用，书餱粮：以令役于诸侯。属役赋丈，书以授帅，而效诸刘子。韩简子临之，以为成命。"[⑤]意思是由士弥牟[⑥]设计"成周"城的建设方案，计算工程量及用度，分配各诸侯国建设的长度，并将方案写成书面材料报送刘子[⑦]，由韩简子[⑧]监督工程建造。此外，北宋李诫所著《营造法式》，清朝工部的《工程做法》都包含大量工程计量和计价的内容。

工程建设所耗费的国家财政是审计监督的一项重要内容，唐朝时期就将工程建设

---

① 朱震.汉上易传导读[M].唐琳，导读.北京：华龄出版社，2019：335.
② 赵晔.吴越春秋校注[M].张觉，校注.长沙：岳麓书社，2006：295.
③ 闻人军.考工记[M].北京：中国国际广播出版社，2011：68.
④ 公元前510年。
⑤ 左丘明.春秋左传校注（下）[M].陈戍国，校注.长沙：岳麓书社，2006：1124.
⑥ 晋国理官。
⑦ 周王室卿士。
⑧ 晋国大夫。

费用监督写进了官员审计的职责范围。唐朝由比部负责审计工作,《旧唐书》中记载比部官员有郎中一人,从五品上,员外郎一人,从六品上,主事二人,从九品上。"凡仓库、出内、营造、佣市、丁匠、功程、赃赎、赋敛、勋赏、赐与、军资、器仗、和籴、屯牧,亦勾覆之。"[1] 其中"营造"即工程建设以及器械制作,"功程"则指需要投入较多人力物力的营建项目,这是关于工程建设属于审计范围的明确记载。古代工程建设审计的方式,有的属于事前审计,根据秦律记载,达到一定规模的建筑工程动工前须经有关部门勘估审核,说明秦朝已经对建筑工程实行事前审计。[2] 此外,对财政支出的审计方式主要是通过会计账簿审计和实地巡察的方式开展。[3]

现代社会的公共资金、国有资源和国有资产是全社会的公共财产,是属于全体人民的公共财富,人民将公共财产委托政府经营管理,政府承担的是公共财产的受托责任。人民要求政府对全社会公共财产履行经营管理职责,同时需要了解和监督政府履行公共受托责任的过程及结果,于是诞生了国家审计,其职责是以独立的身份监督政府履行公共受托责任的情况,向人民报告监督过程和结果,使人民掌握全社会公共财产的安全和增值情况。公共工程,其资金来源于社会公共资金或者民间投资,项目建设的范围通常是关系到国计民生和安全的公共基础设施和公共服务设施。公共工程国家审计,是人民以公共财产所有者和公共安全承受人的身份,为了解和知悉受托人履行工程建设管理职责提出的需求。

二、服务于国家治理的需要

20世纪90年代,治理理论在西方开始盛行,1992年成立的全球治理委员会(The Commission on Global Governance)将"治理"界定为个人与公私机构管理其自身事务的各种不同方式之总和,是使相互冲突或不同利益得以调和并且采取联合行动的持续的过程。治理既是管理事务的方式,也是解决冲突和协调利益的活动过程。治理以平衡各方利益为目标,促进公平正义,重视治理对象的参与和协调。现代政府受托管理国家事务,以"治理"理念建立国家管理制度体系和提升管理能力,是社会政治文明进步的体现,是人类社会向民主法治社会迈进的大变革。在国家治理理念下,政府要在国家事务的各个方面建立适应现代社会发展的制度体系,其中监督体系建设是国家治理的重要内容,完善国家监督体系需要加强对政府管理国家事务过程的监督,确保各项管理活动中执行人和责任人清正廉洁,追求活动结果的绩效性并促进公共利益的实

---

[1] 刘昫,等.旧唐书(卷三六~卷七七)[M].长春:吉林人民出版社,1995:1124-1125.
[2] 方宝璋.中国古代审计方法方式考论[J].审计研究,2017(3):7.
[3] 文硕.世界审计史[M].2版.北京:企业管理出版社,1996.

法治视角下的公共工程国家审计研究

现。国家审计是国家治理的重要组成部分，国家审计的产生和发展源于国家治理，国家审计作为国家治理体系中的一项基础性制度，其效率边界的确定应与服务国家治理目标相一致，例如，国家审计通过监督检查法律法规执行情况，推进民主法治；通过监督制约权力运行，推动规范权力的配置和运行；通过揭示案件线索、查处大案要案，促进打击和预防腐败；通过揭示和反映经济社会运行中的薄弱环节和风险，维护国家安全；通过重点关注民生问题，维护社会公平和人民群众利益；通过在体制、机制、制度层面反映问题和提出改进建议，推动深化改革。[1]

政府作为投资建设项目的受托管理者以及党和国家监督体系的主体，其自身对工程建设情况具有监管需求。《政府投资条例》（中华人民共和国国务院令第712号）第3条第1款规定，政府投资资金应当投向市场不能有效配置资源的社会公益服务、公共基础设施、农业农村、生态环境保护、重大科技进步、社会管理、国家安全等公共领域的项目，以非经营性项目为主。由于这些公共领域的工程建设通常耗费资金量大、建设程序复杂、审批环节多、建设周期长、建设参与方众多且利益需求各不相同，建设工程中的贪腐历来是违法案件高发区。"最高审计机关促进良治"成为各国最高审计机关的共识，在国家治理中最严重的威胁之一就是腐败，世界各国最高审计机关非常重视发挥审计在反腐倡廉方面的作用。[2]

工程建设领域腐败通常涉及工程决策立项、招标投标、施工监理、验收支付等关键环节。据统计，中华人民共和国最高人民法院2018—2021年公布宣判的62起重大案件，涉案人员全部为公务人员或者国企人员，其中涉及工程贪腐的人员有48人，占涉案人数的77.42%。与工程有关的贪腐事项排第一位的是"为有关单位和个人在工程承揽中提供帮助"，该事项涉及42人，占涉及工程贪腐人数的87.50%，其他工程贪腐事项还包括在项目审批、用地审批、调整规划等事项中为他人提供帮助。犯罪时间自1993—2019年，持续最短的8年，最长的25年，持续时间10年以上的有44人，占涉及工程贪腐人数的91.67%，平均犯罪持续时间16.77年。[3] 由此说明，最近几年查实的与公务人员有关的重大案件中，工程建设腐败占很大比例，同时犯罪持续时间很长。过去30年正是我国经济延续改革开放以来的高速增长，大规模投资基础设施工程的时

---

[1] 刘家义.国家审计与国家治理：在中国审计学会第三次理事论坛上的讲话［M］//《中国审计年鉴》编委会.中国审计年鉴2012.北京：中国时代经济出版社，2014：20-28.

[2] 国家审计促进政府良治：世界审计组织第二十一届大会在京通过《北京宣言》［J］.中国内部审计，2013（11）.

[3] 中华人民共和国最高人民法院.重大案件［EB/OL］.［2022-03-12］.https://www.court.gov.cn/fabu-gengduo-15.html.正文数据根据该网页内容统计得出。

期，这期间的工程贪腐违法案件给我国国民经济发展、基础设施建设以及正常建设秩序造成了很大危害。

公共工程和建筑行业是全球腐败非常严重的领域，据欧盟2014年发布的一份调查报告显示，欧盟国家每年的涉腐资金达1200亿欧元，各行业中又以建筑行业遭受的腐败最为严重，有八成建筑企业抱怨政府腐败问题。[1] 反腐败非政府组织"透明国际"（Transparency International，简称TI）从1995年起开始发布世界各国腐败情况排行榜，并以腐败感知指数（corruption perceptions index，以下简称CPI）0~100分表明各国民众对当地腐败状况的主观感知程度，得分越低表明腐败感知度越高。在透明国际最近三年对全世界180个国家的调查排名中，我国的CPI得分和排名分别是：2019年41分排第80名，[2] 2020年42分排第78名，[3] 2021年45分排第66名，[4] 得分和排名的缓步上升表明我国近年来治理腐败的努力取得成效。

公共工程的公共性和公益性决定了其建设质量与人民生命财产安全和公共利益息息相关，工程投资绩效反映政府执政能力，发生于公共工程的贪腐具有更大的危害性和更严重的后果。国家审计监督和党内纪律监督、监察监督逐渐形成合力。中国共产党和中央政府高度重视对工程建设领域的监管，党内纪律监督一直常抓不懈。2004年发布的《中共中央纪委、监察部关于领导干部利用职权违反规定干预和插手建设工程招标投标、经营性土地使用权出让、房地产开发与经营等市场经济活动，为个人和亲友谋取私利的处理规定》（中纪发〔2004〕3号），[5] 对领导干部利用职权插手工程建设作出明确处理规定。2010年为适应新形势的发展，又出台了《中共中央纪委关于印发党员领导干部违反规定插手干预工程建设领域行为适用〈中国共产党纪律处分条例〉若干问题的解释的通知》（中纪发〔2010〕23号），进一步明确对党和国家机关中副科级以上党员领导干部，以及人民团体、事业单位中相当于副科级以上党员领导干部，国有和国有控股企业（含国有和国有控股金融企业）及其分支机构领导人员中的党员，违反规定插手干预工程建设领域行为，作出处理规定。2009年，中共中央办公厅、国务院办公厅印发《关于开展工程建设领域突出问题专项治理工作的意见》（中

---

[1] 任彦."世界各国腐败观察"系列报道之十一 欧盟每年1200亿欧元涉腐 打击不力多不了了之［EB/OL］.［2023-03-08］. http://world.people.com.cn/n/2014/0619/c1002-25168161.html.

[2] CORRUPTION PERCEPTIONS INDEX 2019［R］. Transparency international.

[3] CORRUPTION PERCEPTIONS INDEX 2020［R］. Transparency international.

[4] CORRUPTION PERCEPTIONS INDEX 2021［R］. Transparency international.

[5] 该规定已失效，失效依据为《中共中央纪委关于印发党员领导干部违反规定插手干预工程建设领域行为适用〈中国共产党纪律处分条例〉若干问题的解释的通知》（中纪发〔2010〕23号）。

办发〔2009〕27号），要求对领导干部违法违规插手干预工程建设的行为严肃查处。2010年发布的《违反规定插手干预工程建设领域行为处分规定》（中华人民共和国监察部、中华人民共和国人力资源和社会保障部令第22号），对副科级以上行政机关公务员违反规定插手干预工程建设领域行为进行界定并规定处分办法。

审计服务于国家中心工作，是国家监督体系的重要组成部分，侧重于经济监督，与纪律监督、监察监督、司法监督等形成监督合力，共同服务于国家治理目标。通过审计及早发现案件线索，可以较好地起到警示和预防作用，对降低工程领域贪腐案发率和损失以及办案成本起到一定作用。同时，加强公共工程国家审计，有利于促进政府投资活动的公开透明，促进问责制度的完善，实现公共工程维护公共利益的目标。

三、提升公共工程绩效的内在要求

我国改革开放以来中央及地方各级政府有大量的重要公共工程，这些项目的绩效逐渐成为公众和政府关注的焦点，当前普遍认为项目绩效应从经济性（economy）、效率性（efficiency）、效果性（effectiveness）、环保性（environment）、公平性（equity）等方面给予评价，被称为5E审计，但公共工程的绩效还具有更加丰富的内涵。首先，公共工程具有公共性特征，建造过程的施工安全及运营期的质量安全都与公众生命财产安全息息相关，应特别关注其安全性。其次，工程项目具有较长的使用期限，是城市风貌的组成部分，工程项目的建筑风格既有其时代特征，也包含传统文化的审美价值，具有文化传承的功能，还具有文化性。因此，本书认为公共工程的绩效性包含了七个方面的内容，即经济性、效率性、效果性、环保性、公平性、安全性、文化性，对项目的绩效评价从以上七个方面开展更体现公共工程的特有功能和属性。其中，经济性和效率性侧重于对投资金额的评价，后五个方面具有广泛的公共社会属性，与项目对社会、环境的影响、公众的感知度、体验有更密切的关系。

公共工程绩效的管理和控制有几个关键环节：一是投资立项阶段，对项目的必要性和可行性进行论证，编写项目建议书和可行性研究报告用于立项审批，防止决策失误；二是在工程实施阶段，严格控制质量、进度和安全，监督各方严格遵守工程质量标准和施工规范，避免出现工程质量事故和施工安全事故，严格执行合同工期，及时处理各种工期延迟事项，避免工期延误带来的投资损失；三是在工程结算阶段，准确核定工程造价，防止计算错误和故意舞弊行为，避免多付工程款造成资金损失；四是项目后评估阶段，客观评价项目绩效，总结经验教训，提供考核和问责依据并为以后的项目积累经验。从时间上看，越是前期的绩效管理和控制越能实现绩效目标，在投资立项阶段的绩效管理和控制可以有效避免投资失误，由于项目绩效性内涵十分丰富，一旦投资决策失误，造成的损失很难用金钱准确估计且难以挽回。

公共工程的绩效管理和控制是一项综合的制度安排，从项目实施和管理的角度有政府主管部门组织的各类项目评审、审批以及过程监督，如业主单位、建设单位、监理单位、施工单位等的监督。从监督的角度，有纪检监察、审计、社会公众等的监督，其中审计监督发挥着重要的作用。我国公共工程国家审计一开始就具有绩效审计的内容，审计署成立之初开展的试审项目之一就是对国家重点建设项目淮海水泥厂的审计，当时关注的是投资大幅度超概算的问题，审计目标侧重经济性评价，为国家节省建设资金。[①]1986—1994年，为了促进建设项目尽快发挥投资效益，审计署领导审计机关对全国30多万个建设项目开展审计，为严格控制固定资产投资，减少盲目投资和损失，审计活动促进经济效益238亿元。[②]我国审计研究者在20世纪90年代开始广泛关注绩效审计问题，从一开始仅专注于建设项目经济性评价，逐渐发展到关注固定资产利用效果和对社会、环境的影响。[③]从评价项目的直接经济效益、间接经济效益、社会效益，以及关注项目的经济性、效率性、效果性，到目前的5E审计以及本书提到的七个方面的绩效评价，总之，提升项目绩效始终是公共工程的审计目标。

四、国际金融组织贷款项目管理要求

改革开放初期，我国经济实力较为薄弱，同时又有大量急需建设的农业、电力、水利、教育、运输、工业、城市建设等基础设施工程，我国从1980年开始利用政府外债建设基础设施工程，资金来源渠道包括国际金融组织、外国政府贷款和援助款以及发行外债等。其中利用较多的是国际金融组织贷款和援助款，国际金融组织包括世界银行（以下简称世行）、亚洲银行、国际农业发展基金会、国际货币基金组织、国际金融公司等，其贷款具有期限长、利率低甚至无息的特点。随着改革开放的进一步深化和国家经济的发展，我国政府外债的规模也进一步扩大，据国家外汇管理局公布的数据，2021年9月末，我国全口径（含本外币）外债余额为174 877亿元人民币（等值26 965亿美元，不包括香港特区、澳门特区和台湾地区对外负债）。[④]

外资出借方对贷款项目有严格的监管要求，除在贷款申请环节的审批监督以外，执行中也有监督措施。《世界银行借款人选择和聘请咨询顾问指南》在"欺诈和腐败"

---

① 十明涛.社会主义中国审计制度的创建[M].北京：中国审计出版社，1999：60.
② 李金华.中国审计史：第三卷上[M].北京：中国时代经济出版社，2005：185.
③ 李哲，刘世林.第五讲 固定资产投资与建设审计[J].审计与经济研究，1996（5）：58.
④ 国家外汇管理局.国家外汇管理局公布2021年9月末中国全口径外债数据[EB/OL].（2021-12-31）[2022-08-02].http://www.safe.gov.cn/safe/2021/1231/20405.html.

法治视角下的公共工程国家审计研究

部分规定：世行要求借款人（包括贷款的受益人）、咨询人及其代理人、分包商、咨询服务分包商、服务提供商及其任何员工在世行资助的合同采购和执行过程中遵守最高的道德标准，任何企图获得非应得利益的行为都界定为不恰当，在合同竞标中直接或间接参与了腐败、欺诈、串通、施加压力的活动或存在妨碍行为，世行将拒绝授标建议。该指南附录还对选择咨询顾问的审查和公布授予合同的情况提出了事前、事中、事后的监督要求，世行将上述咨询顾问界定为：与项目实施有关的咨询公司、工程公司、建设管理机构、管理公司、采购代理、检验服务提供商、审计师、联合国机构和其他多边国际组织、投资和商业银行、大学、研究机构、政府机构，非政府组织以及个体咨询顾问等，即所有参与项目建设和管理的各方都属于监督的对象。[①]

世行 2020 年发布的《最高审计机构的审计质量：审查最高审计机构遵守国际标准的情况》强调了最高审计机关的重要作用，要求世行融资的借款人和受援国按照世行可接受的审计标准，由世行可以接受的审计人员对世行融资业务的财务报表进行审计。[②]

我国审计署和各级国家审计机关从 1984 年开始对世行贷款项目进行审计，当年完成 254 个世行贷款项目执行单位的会计报表和经营效果审计。[③] 审计机关根据世行和项目协议的规定，每年向世行出具审计报告，对世行项目以及项目执行单位财务报告的真实性、合法性、绩效性、财务收支和项目协议执行等情况发表审计意见。1984 年审计署印发《对世界银行贷款项目审计工作的要求》，首次提出对世行贷款项目审计工作的基本要求。[④]1999 年发布的《审计署、财政部关于加强国际金融组织贷款项目审计监督的通知》（审外资发〔1999〕27 号），针对资金使用中的违规行为提出加大审计力度的要求，同时强调审计机关的独立性，对项目执行部门主动接受审计及其主管部门的支持和配合提出要求。2000 年出版的《世界银行贷款项目审计操作指南》在总结十多年来外资审计实践经验的基础上，兼顾说明我国法律法规、国际审计准则和世行的要求，围绕审计目标，提供审计流程各阶段的解决方案。[⑤]2012 年出版的《世界银行

---

① 国家复兴开发银行/世界银行.世界银行借款人选择和聘请咨询顾问指南（中文）[EB/OL].[2022-08-06].https://documents1.worldbank.org/curated/en/175671468170358418/pdf/578440Consulta0ion02011-07-100clean.pdf.

② WORLD BANK GROUP. The quality of audits by supreme audit institutions: a review of compliance with international standards of supreme audit institutions [EB/OL]. [2022-08-06].https://openknowledge.worldbank.org/bitstream/handle/10986/34995/The-Quality-of-Audits-by-Supreme-Audit-Institutions-A-Review-of-Compliance-with-International-Standards-of-Supreme-Audit-Institutions.pdf?sequence=5.

③ 于明涛.社会主义中国审计制度的创建[M].北京：中国审计出版社，1999：80.

④ 中华人民共和国审计署.中国共产党领导下的审计工作史[M]北京：中共党史出版社，2021：208.

⑤ 《世界银行贷款项目审计操作指南》课题组.世界银行贷款项目审计操作指南[M].北京：中国审计出版社，2000.

亚洲开发银行贷款项目审计指南》，介绍了世行、亚洲开发银行贷款项目及审计概况、审计程序，以及会计责任和审计责任的划分。该指南按照审计的工作流程，从审计准备、实施到终结，以工作底稿的方式对各阶段审计工作的内容、目标、程序和方法予以说明。[1] 当前，为适应政府外债项目绩效管理的要求，我国政府外债项目审计在公证审计的基础上发展出债务管理审计、专项审计和绩效审计。

五、国际工程承包和对外投资的需要

党的十一届三中全会确立了以经济建设为中心、改革开放的国策，我国建筑施工企业从此开始走出国门，开展国际工程承包业务。初期主要在东南亚、非洲和中东地区承包基础设施工程建设，此后，一些大型集团建筑公司逐渐与国际设计、施工、项目管理公司合作，开展遍布世界各地的国际土木建筑工程承包、设计、施工技术管理、技术咨询和服务等业务。早期的工程承包为建筑企业参与国际竞争、规范化管理、熟悉国际规则和工程所在地法律法规积累了经验，也为国家外汇积累作出了贡献。迄今为止，中国企业正式进入国际承包工程市场已超过40年，1979年中国对外承包工程全年合同额3352万美元，[2] 2021年新签合同额2584.9亿美元，[3] 增长了7700多倍。近年来，我国对外承包工程新签项目主要集中在基础设施领域，据商务部发布的信息，2020年我国企业承揽的境外基础设施类工程项目5500多个，累计新签合同额超过2000亿美元，占当年合同总额的80%。[4] 美国《工程新闻记录》（Engineering News-Record）杂志公布，我国内地（大陆）共有78家企业入选2021年度全球最大250家国际承包商榜单。[5] 2022年1—6月，我国对外承包工程业务完成营业额4580亿元人民币，同比增长4.2%。[6] 项目规模屡创新高，项目规模、技术、附加值等方面快速提升，中国承包商角色定位已由最初的承包商转变为基础设施的综合服务商。2019年商务部

---

[1]《世界银行亚洲开发银行贷款项目审计指南》编写组.世界银行亚洲开发银行贷款项目审计指南[M].北京：中国时代经济出版社，2012.

[2] 中华人民共和国商务部.2020年度中国对外承包工程统计公报[R/OL].[2022-08-04].http://hzs.mofcom.gov.cn/article/date/202109/20210903196388.shtml.

[3] 中华人民共和国商务部.2021年我国对外承包工程业务简明统计[EB/OL].[2022-08-02].http://www.mofcom.gov.cn/article/tongjiziliao/dgzz/202201/20220103238998.shtml.

[4] 中华人民共和国商务部.2020年中国对外投资合作情况[EB/OL].[2022-08-04].http://www.mofcom.gov.cn/article/i/jyjl/l/202102/20210203038250.shtml.

[5] ENGINEERING NEWS-RECORD. ENR's 2021 top 250 international contractors [J/OL]. [2022-08-04]. https://www.enr.com/toplists/2021-Top-250-International-Contractors-Preview.

[6] 中华人民共和国商务部.2022年1—6月我国对外承包工程业务简明统计[EB/OL].[2022-08-02].http://fec.mofcom.gov.cn/article/tjsj/ydjm/gccb/202208/20220803337575.shtml.

等19部门联合出台的《商务部、外交部、发展改革委等关于促进对外承包工程高质量发展的指导意见》(商合发〔2019〕273号),明确了对外承包工程高质量发展的重要意义,并提出促进对外承包工程的转型升级和可持续发展。《对外承包工程管理条例》(中华人民共和国国务院令第676号)规定,由国务院商务主管部门负责全国对外承包工程的监督管理,省、自治区、直辖市人民政府商务主管部门负责本行政区域内对外承包工程的监督管理,国务院有关部门在各自的职责范围内负责与对外承包工程有关的管理工作。

随着改革开放的进一步深化和国力的提升,我国经济加快融入世界经济的步伐,中国政府对外投资项目、援建项目、合作建设项目越来越多,国家主席习近平在2013年出访中亚和东南亚国家期间,提出共建"丝绸之路经济带"和"21世纪海上丝绸之路"(以下简称"一带一路")的重大倡议。"一带一路"倡议以共建交通、能源和网络等基础设施为基点,促进区域和全世界的共同发展和可持续发展,"一带一路"倡议开启了我国工程建设国际化合作的新篇章。2021年,我国企业在"一带一路"沿线的60个国家新签对外承包工程项目合同6257份,新签合同额8647.6亿元人民币,占同期我国对外承包工程新签合同额的51.9%。[①]

我国对外承包工程企业普遍属于国资性质,国家对企业工程资金管理及绩效具有审计需求。此外,企业对外投资、援建、合作建设项目建设资金的使用、建设工程的质量安全、对工程所在地的政治经济和环境的影响等都具有审计需求。

第二节 公共工程国家审计的实践

一、固定资产投资审计

审计署成立之初,对国家重点建设项目淮海水泥厂开展了试审。淮海水泥厂项目在1981年7月批准立项建设,设计生产能力为年产水泥100万吨,初步设计概算2.49亿元。淮海水泥厂项目于1981年10月开工,至1982年10月底已使用概算金额的95%,出现了严重超概算问题,工程全部竣工投产还需要7400万元。审计机关对淮海水泥厂项目开展审计以后发现,产生超概算问题的原因主要有六个:①原概算漏项,

---

① 中华人民共和国商务部. 2021年我国对"一带一路"沿线国家投资合作情况[EB/OL].[2022-08-02]. http://fec.mofcom.gov.cn/article/fwydyl/tjsj/202201/20220103239004.shtml.

未包含厂外道路等附属设施工程；②主管部门批准增加概算外项目；③材料价格上升，采购进口设备的外汇汇率上涨；④政策因素，国家预算安排的基本建设投资，由财政无偿拨款改为建设银行贷款（简称拨改贷），增加了资金成本；⑤配套工程超支；⑥管理不善。审计机关通过审计查明投资失控的原因，分清责任，提出因外部管理（如主管部门）导致的超支，不应当由淮海水泥厂项目本身承担，为节约建设资金提出了建议。[①]

自1985年开始，审计机关开始全国范围内的固定资产投资审计，审计目标在财务收支审计的基础上向国民经济宏观调控目标延伸，开展了固定资产投资项目开工前审计、停缓建项目跟踪审计、基本建设项目竣工决算审计。截至1992年，审计机关开展的固定资产投资审计情况如表3-2-1所示。

表3-2-1 1985—1992年审计机关开展的固定资产投资审计情况

开展时间	资金来源或项目类型	审计对象或内容	审计成效
1985年	城市维护和建设资金	武汉、西安、济南等6个城市	发现城市维护和建设资金在征收、管理、使用方面存在漏收欠缴、挤占挪用、扩大使用范围和损失浪费等问题
1986年	城市维护和建设资金	全国全面开展	审计署制定《关于开展城市维护和建设资金审计的意见》（审基字〔1989〕153号），全国逐步建立城市维护和建设资金年度预决算定期审计制度
1986—1987年	自筹基建资金	国家下达给21个省、自治区、直辖市及广州、西安两市的自筹基建计划	审计资金50亿元，审计发现： 1. 查出资金不落实、来源不当等违法违规资金16亿元； 2. 许多地方在国家计划指令之外，安排大量基建项目，实际自筹基建规模是国家指令性计划的2.1倍； 3. 促进许多地区实行自筹资金来源先审后批制度，未实行的地区，在自筹基建计划下达后，对开工和续建项目进行审计，有的地区实行事中和事后审计
1988年	自筹基建资金	自筹基建项目27 619个	审计资金159亿元，审计发现： 1. 查出问题项目5550个，问题资金24亿元； 2. 处理项目1839个，压缩投资规模3.6亿元

---

① 于明涛.社会主义中国审计制度的创建［M］.北京：中国审计出版社，1999：60.

续表

开展时间	资金来源或项目类型	审计对象或内容	审计成效
1989年	停缓建项目跟踪审计	各部门和各级地方政府决定停缓建的固定资产投资项目16 855个	审计发现停缓建工作中存在的5个问题： 1. 有禁不止，继续施工； 2. 等待观望，伺机续建； 3. 迟迟不下达停缓建通知，大批项目乘机施工； 4. 停缓建项目中非在建项目比重很大； 5. 资金不落实，来源不正当的项目较多。 审计投资额605.4亿元，有效促进了国务院停缓建决定的执行
1989年	基建项目开工前审计	新开工项目和恢复建设停缓建项目	《审计署、国家计委关于开展基本建设项目开工前审计的联合通知》（审基字〔1989〕419号），实施开工前审计制度，未经审计的项目不得批准开工或复工
1989年10月—1992年12月	国家重点建设项目	重点项目235个	审计总投资2700亿元，审计发现： 1. 投资概算不实、建设资金流失、夹带计划外工程和损失浪费； 2. 查出违法违纪资金126亿元，为国家节约建设资金近50亿元； 3. 帮助建设单位落实建设资金，促进重点建设项目的正常进行

资料来源：中华人民共和国审计署. 中国共产党领导下的审计工作史［M］. 北京：中共党史出版社，2021：238-243.

二、基础设施建设项目审计

1995—1998年审计机关开展的基础设施建设项目审计情况如表3-2-2所示。

表3-2-2 1995—1998年审计机关开展的基础设施建设项目审计情况

开展时间	项目类型	项目数量/个	项目投资情况	审计成效
1995年	基本建设项目	70	已完成投资665.45亿元	发现问题资金91.92亿元，审计处理13.99亿元

续表

开展时间	项目类型	项目数量/个	项目投资情况	审计成效
1995年	电力行业国家重点基本建设项目	20	总投资528.51亿元	发现问题资金36.22亿元，提出50多条加强工程管理的建议，查出原因： 1. 建设投资不落实； 2. 超规模、超标准建设； 3. 概预算不准确，多列或少列投资，结算不实； 4. 转移挪用建设资金、挤占工程成本、漏税
1995年	水利建设项目	12	总投资246.5亿元	发现问题资金8.7亿元，投资不落实和资金缺口236亿元，查出原因： 1. 资金到位不及时； 2. 多列概算和概算外投资； 3. 侵占挪用工程资金； 4. 违规承发包工程； 5. 工程损失浪费
1996年	国家重点基本建设项目	81	总投资927.1亿元	发现问题资金144.36亿元，为国家节约建设资金19.51亿元
1996年	国家高等级公路建设项目	28	—	发现问题资金52.11亿元
1996年	光缆建设项目	8	总投资31.3亿元	发现问题资金4亿元，查出原因： 1. 概算管理不严，结算以拨代支； 2. 交付资产不实； 3. 引进器材数量超过实际用量造成浪费
1997年	基建项目	171	总投资1425.69亿元	发现问题资金165.66亿元，审计处理21.39亿元
1997年	石油化工项目	22	总投资912.8亿元	发现问题资金60.5亿元，投资效益较差，表现在以下几个方面： 1. 投资超概算； 2. 负债比例高； 3. 产品不适应市场； 4. 管理水平差
1998年	基建项目	71	总投资1069.7亿元	查出违规行为金额36亿元，资金不落实等问题资金37.5亿元，应缴财政0.3亿元，归还原渠道7.3亿元

续表

开展时间	项目类型	项目数量/个	项目投资情况	审计成效
1998年	京九铁路11个路段、广梅汕铁路、侯月线	—	总投资594.9亿元	查出资金不落实等问题资金2.4亿元，京九铁路实际完成投资超概算68.49亿元，地方承诺投资不到位19.57亿元，部分引进设备质量问题
1998年	煤炭建设项目	18	总投资316.4亿元	查出违规行为金额21亿元，资金不落实等问题资金21.2亿元，应缴财政0.1亿元，归还原渠道3.9亿元。项目立项管理存在问题，个别项目管理混乱，损失浪费惊人

资料来源：李金华.中国审计史：第三卷[M].北京：中国时代经济出版社，2005：361-364.

三、技术改造项目审计

1995—1998年审计机关开展的技术改造项目审计情况如表3-2-3所示。

表3-2-3　1995—1998年审计机关开展的技术改造项目审计情况

开展时间	项目类型	项目数量/个	项目投资情况	审计成效
1995年	限额以上技术改造项目	11	总投资111.99亿元	发现问题资金91.92亿元，查出问题资金13.19亿元
1996年	技术改造项目	11	总投资83.13亿元	发现问题资金36.22亿元，查出问题资金13.05亿元
1997年	重点限额以上技术改造项目	23	总投资120.09亿元	发现问题资金38.40亿元，查出原因：1.项目资金缺口较大；2.不能按期竣工；3.经济效益低下
1998年	技术改造项目	13	总投资158.4亿元	查出违规行为金额13.1亿元，资金不落实等问题资金13.9亿元，应缴财政0.17亿元，归还原渠道3.4亿元

资料来源：李金华.中国审计史：第三卷[M].北京：中国时代经济出版社，2005：364.

四、国债专项建设资金审计

1999—2003年审计机关开展的国债专项建设资金审计情况如表3-2-4所示。

表 3-2-4　1999—2003 年审计机关开展的国债专项建设资金审计情况

开展时间	审计对象和内容	审计成效
1999 年	国家计委、财政部等 18 个部门，31 个省、自治区、直辖市政府和有关部门，国债项目 1161 个	查出挤占挪用国债专项资金 28.59 亿元，其中 9.14 亿元归还原渠道，9 人被移交司法机关立案查处，46 人受到党纪政纪处分，查出原因： 1. 有的地方政府及部门挪用国债专项基金搞其他项目； 2. 有的项目建设单位挪用国债专项基金，用于对外贷款或自身经费开支，私设小金库，乱支乱用； 3. 部分单位违规将国债专项资金转为定期存款，获取高额利息； 4. 有的管理部门审核不严，造成少数地方谎报项目，骗取国债专项基金，或造成资金大量闲置
2000 年	天津、河北、四川等 16 个省、自治区、直辖市政府和有关部门，国债专项基金重点项目 102 个	查出挤占挪用国债专项资金 4.77 亿元。资金到位率明显提高，违法违纪问题有较大幅度下降，有 82 个项目未发现挤占挪用国债专项资金
2001 年	16 个省、自治区、直辖市长期建设国债资金管理使用情况	查出挤占挪用和滞留欠拨国债资金 43 亿元，配套资金不到位 23 亿元。一些地区违规招投标，违法分包和转包工程
2002 年	15 个省、自治区、直辖市长期建设国债资金管理使用情况	查出 9 个省 37 个污水处理项目建设和效益情况不理想，资金损失浪费。一些地方违法分包、转包工程，个别项目财务管理相当混乱。查出原因： 1. 项目前期准备不充分，配套资金不到位，运营费用不足； 2. 有些地方和单位违反基本建设程序，勘察设计失误，甚至行政干预项目建设； 3. 一些地方贯彻落实招标投标制度不到位
2003 年	近 800 个城市基础设施和公路国债项目	查出违纪违规资金 20.8 亿元，查出近三分之一项目工期拖延；近三分之一污水、垃圾处理项目建成后，难以正常运营；中西部一些地方拖欠银行到期贷款和施工单位工程款，一些项目管理比较薄弱，少数项目损失浪费。查出原因： 1. 项目前期工作薄弱，配套资金不落实； 2. 项目建设不配套，经营管理机制落后，运营经费不足； 3. 中西部一些地方债务规模过大，存在潜在债务风险； 4. 少数项目决策失误、管理不善

资料来源：李金华. 中国审计史：第三卷［M］. 北京：中国时代经济出版社，2005：364-368.

五、其他专项建设资金审计

1998—2001年审计机关开展的其他专项建设资金审计情况如表3-2-5所示。

表3-2-5 1998—2001年审计机关开展的其他专项建设资金审计情况

开展时间	专项建设资金名称	审计对象和内容	审计成效
1998年	水利建设专项资金	31个省、自治区、直辖市的322个地（市）、1808个县（市）、水利部长江委员会等6个流域机构、新疆生产建设兵团，黑龙江和海南两个农垦总局，共审计12 252个单位	审计资金518.54亿元，审计发现： 1.有12省（区）未按规定建立水利建设基金； 2.已建立水利建设基金的省、自治区、直辖市，应筹集51.74亿元，实际筹集16.03亿元； 3.挤占挪用水利专项资金等45.85亿元； 4.移交纪检部门案件7件，涉案金额618.6万元
1999年	水利建设专项资金	水利部七大流域和30个省、自治区、直辖市中央水利建设资金管理和使用情况。58个国家重点水利建设项目	1.查出转移挪用水利建设资金和乱筹资等违法违纪线索14起； 2.查出水利资金不到位37亿元，多列概算、虚报投资完成额、挤占建设成本、转移挪用建设资金、损失浪费等51亿元
2000年	公路建设专项资金	16个省、自治区、直辖市的公路建设资金、重点公路建设项目54个	1.查出一些地区及有关部门越权审批设立公路建设基金和各类行政性收费项目； 2.违规集资； 3.挪用公路建设资金
2001年	农村电网改造资金	抽查1570个县约20%的改造项目。调查1690个县农电体制改革和同网同价情况	审计农村电网改造资金921亿元，审计发现： 1.违法违规资金29亿元； 2.一些地区的电力部门和基层电力企业挤占挪用农网改造资金，用于其他项目建设和经费开支； 3.有些地方利用农网改造之机，向农民乱收费、乱摊派，损害农民利益； 4.有的基层电力企业向农民多收进户钱和电表购置费； 5.有的乡镇和村委会搭车收费； 6.部分地区农电改造和农电管理体制改革工作未按期完成，城乡同网同价进展缓慢

续表

开展时间	专项建设资金名称	审计对象和内容	审计成效
2001年	铁路建设资金	北京铁路局等10个单位,21个重点铁路建设项目	审计铁路建设资金1048亿元,审计发现: 1. 截留、挪用和大量闲置铁路建设资金; 2. 建设项目管理不严,损失浪费比较严重; 3. 一些项目招投标不规范,违法分包,非法转包; 4. 有的项目决策失误,损失浪费严重

资料来源:李金华.中国审计史:第三卷[M].北京:中国时代经济出版社,2005:368-372.

六、专项审计调查与审计结合项目

1997—2003年审计机关开展的专项审计调查与审计结合项目情况如表3-2-6所示。

表3-2-6　1997—2003年审计机关开展的专项审计调查与审计结合项目情况

开展时间	审计对象和内容	审计成效
1997年	邮电、电力、烟草、金融、保险行业中央单位,建设楼堂馆所情况。调查投资3000万元以上在建和竣工项目228个,审计其中77个项目	审计调查总投资145.2亿元,查出违纪违规资金24.4亿元,归还原渠道资金2.26亿元。查出原因: 1. 立项审批监督不严,擅自扩大建设规模; 2. 盲目追求高标准多功能建设; 3. 建设资金东挪西用,影响企业正常经营效益; 4. 固定资产投资方向调节税征管不力
1997年	20个城市国家安居工程投资、建设、销售、管理情况,审计调查共240个住宅小区(项目),审计其中144个住宅小区(项目)	查出违纪违规资金18.93亿元
2002年	民航建设资金和重要机场项目,审计调查中国民用航空总局及4个地区管理局,审计19个重点机场项目并延伸调查一部分中小机场	查出违纪违规资金26.3亿元,查出原因: 1. 大部分机场项目运营效益较差; 2. 一些项目建设疏于管理,违纪违规现象比较突出

续表

开展时间	审计对象和内容	审计成效
2003年	审计调查和审计部分城市基础设施、公路、水利等项目。抽查28个省、自治区、直辖市利用国债建设的526个城市基础设施项目	有136个项目未按期建成；已建成项目运营效果差，有32个没有投入运营，18个长期处于试运营或开开停停状态，69个运营水平未达到设计能力；有的工程质量存在重大隐患，上报国务院后，立案查处20多人；挤占挪用建设资金及损失浪费严重。查出原因： 1. 项目前期准备不充分，地方配套资金不落实，建设管理不善； 2. 有的项目建设期间市场供求发生重大变化，未及时调整建设规模； 3. 部分施工单位买通建设和监理单位，采取各种手段弄虚作假，偷工减料，多计工程量，以次充好，有关责任人以权谋私、大肆收贿； 4. 有的政府及有关部门弄虚作假，挪用建设资金

资料来源：李金华. 中国审计史：第三卷[M]. 北京：中国时代经济出版社，2005：372-374.

七、重大公共工程项目跟踪审计

2008—2021年审计机关开展的重大公共工程项目跟踪审计情况如表3-2-7所示。

表3-2-7 2008—2021年审计机关开展的重大公共工程项目跟踪审计情况

开展时间	审计项目名称	审计对象和内容	审计成效
2008年11月—2010年11月	汶川地震灾后恢复重建全过程跟踪审计	27 902个重建项目跟踪审计，17 329个完工竣工决算审计	审计资金7678亿元，有力促进和保障灾后恢复重建工作顺利进行
2010年6—10月	玉树地震灾后恢复重建资金管理使用情况审计	已开工的99个项目，包括学校、医院、农房等	审计发现重建资金管理使用和项目建设总体情况较好。也发现部分社会捐赠资金未明确到具体项目等问题，促使当地政府完善相关建设管理制度
2013—2021年	重大政策措施落实情况跟踪审计	对国家民生有重大影响的政府投资或以政府投资为主的基础设施、公共工程项目	1. 揭示部分建设项目前期准备不足、配套措施不到位、进度迟滞； 2. 一些重大项目申报后长期未获主管部门批复或已批复未如期开工； 3. 部分铁路、水利、保障性住房等重大项目前期审批环节多、时间长、进展缓慢； 4. 通过审计促进项目新开工或完工1万多个，加快项目审批或实施2万多个

资料来源：中华人民共和国审计署. 中国共产党领导下的审计工作史[M]. 北京：中共党史出版社，2021：535-536.

第四章 公共工程国家审计的法治建设

第一节 我国公共工程国家审计法治体系的构成

法是调整不同社会关系的规范的总称,审计法治体系是调整审计监督过程中发生的审计关系的法律规范的总称。我国公共工程国家审计法治体系由不同类型、不同层次的法律文件组成,数量众多,体系较为完善,总体分为两类:一类是直接与公共工程国家审计相关的法律规范,表现为确立国家审计制度以及审计的组织、实施、程序、法律责任等法律文件;另一类是公共工程国家审计所依据的与工程建设相关的计划管理、建设管理、财政管理、税务管理等相关法律文件,两者构成公共工程国家审计法治体系的集合。公共工程审计法治体系按照制定主体和法律效力等级的不同,分为法律类规范、法规类规范、规章类规范、规范性文件和司法解释。

一、公共工程国家审计法律类规范

公共工程审计法律类规范以《中华人民共和国宪法》(以下简称《宪法》)为核心,以《审计法》为主体,其他相关法律共同构成,如《中华人民共和国民法典》(以下简称《民法典》)、《预算法》、《建筑法》、《招标投标法》、《政府采购法》、《中华人民共和国会计法》(以下简称《会计法》)、《中华人民共和国税法》、《中华人民共和国土地管理法》(以下简称《土地管理法》)、《中华人民共和国城市房地产管理法》。《宪法》是我国的根本法,立法机关为全国人民代表大会。法律分为基本法律和一般法律,基本法律的立法机关为全国人民代表大会,《民法典》属于基本法律,一般法律的立法机关为全国人民代表大会常务委员会,《审计法》《预算法》《建筑法》等属于一般法律。

二、公共工程国家审计法规类规范

法规类规范包括行政法规和地方性法规,行政法规的制定主体是国务院,地方性法规由有立法权的地方人民代表大会及其常委会制定。公共工程国家审计行政法规以《审计法实施条例》为主体,其他相关行政法规共同构成,如《政府投资条例》《投资体制改革的决定》《中华人民共和国预算法实施条例》《中华人民共和国土地管理法实施条例》《中华人民共和国招标投标法实施条例》《国有土地上房屋征收与补偿条例》《财政违法行为处罚处分条例》《中央预算执行情况审计监督暂行办法》《建设工程质量管理条例》《建设工程安全生产管理条例》等。与工程审计有关的地方性法规数量众多，不再列举。

三、公共工程国家审计规章类规范

规章类规范分部门规章和地方政府规章，部门规章的制定主体是国务院各部、委员会、中国人民银行、审计署和具有行政管理职能的直属机构，这些规章仅在本部门的权限范围内有效。地方政府规章由有权制定规章的地方人民政府制定，仅在本地行政区域内有效。公共工程国家审计部门规章以《中华人民共和国国家审计准则》（中华人民共和国审计署令第8号）（以下简称《国家审计准则》）、《审计署关于印发政府投资项目审计规定的通知》（审投发〔2010〕173号）为主体，其他部门规章共同组成，如《中央预算内直接投资项目管理办法》（中华人民共和国国家发展和改革委员会令第7号）、《实施工程建设强制性标准监督规定》（住房城乡建设部令第23号）、《建筑工程施工发包与承包计价管理办法》（中华人民共和国住房和城乡建设部令第16号）、《住房和城乡建设行政处罚程序规定》（中华人民共和国住房和城乡建设部令第55号）、《房屋建筑和市政基础设施工程施工招标投标管理办法》（中华人民共和国住房和城乡建设部令第47号）、《基础设施和公用事业特许经营管理办法》（国家发展和改革委员会、中华人民共和国财政部、中华人民共和国住房和城乡建设部、中华人民共和国交通运输部、中华人民共和国水利部、中国人民银行令第25号）等。与工程审计有关的地方政府规章数量众多，不再列举。

四、公共工程国家审计规范性文件

规范性文件制定主体非常多，例如，各级党组织、各级人民政府及其所属工作部门、人民团体、社团组织、企业事业单位、法院、检察院等，公共工程审计规范性文件主要由政府及其所属的与建设相关的管理部门制定，规范性文件的数量相当庞大，例如，《国务院关于加强固定资产投资项目资本金管理的通知》（国发〔2019〕26号）、《国家发展改革委关于修订印发〈国家发展改革委投资咨询评估管理办法〉的通知》（发改投资规〔2022〕632号）、《建设部关于印发〈建设工程勘察设计资质管理规定实施意见〉的通知》（建市〔2007〕202号）、《国家发展改革委、建设部关于印发建设项目经济评价方法与参数的通知》（发改投资〔2006〕1325号）、《国家发展改革委关于印发〈工程咨询单位资信评价标准〉的通知》(发改投资规〔2018〕623号)、《财政部关于进一步加强政府和社会资本合作(PPP)示范项目规范管理的通知》(财金〔2018〕54号)、《住房和城乡建设部公告第1536号——关于发布国家标准〈建设工程项目管理规范〉的公告》、《住房和城乡建设部公告第35号——关于发布国家标准〈建设工程监理规范〉的公告》、《住房和城乡建设部公告第1535号——关于发布国家标准〈建设项目工程总承包管理规范〉的公告》、《住房和城乡建设部公告第919号——关于发布国家标准〈混凝土结构设计规范〉局部修订的公告》等。

五、与公共工程国家审计有关的司法解释

司法解释由司法机关发布,如《最高人民法院关于审理建设工程施工合同纠纷案件适用法律问题的解释(一)》(法释〔2020〕25号)等。

第二节 公共工程国家审计法治体系的形成与发展

一、新中国成立至改革开放前的公共工程国家审计

新中国成立之初至20世纪80年代初期,我国没有设立独立的审计职能机构,而是将审计监督工作与财政、监察的监督工作结合在一起。新中国成立初期就在财政部门内设立了审计机构,职能是执行年度开支计划,审计各项支出的合法性、合规性,巡视检查违法乱纪的专案事项,审计监督中央政府各部门。1950年12月,政务院颁发《中央人民政府政务院为加强国家财政管理严格执行财政纪律令》,规定各级财政部门均应设置财政审计和检查机构,对一切预算决算实行事先、事中、事后的审核与检查,财政审计机构在预决算审核中,及时揭露存在的问题,为财政管理提供依据。[1]20世纪50年代以后直至改革开放前,由于缺乏经验,加上极"左"思想的影响,导致审计机构的撤并,以及财政监察体制的反复变化,监察机构的多次被撤销,总体来看,新中国审计法治经历了曲折并从起步走向了低潮。[2]

---

[1] 中华人民共和国审计署.中国共产党领导下的审计工作史[M].北京:中共党史出版社,2021:166.
[2] 谢冬慧.新中国七十年审计法治发展之回瞻[J].中国法律评论,2019(5):140-155.

二、20世纪80年代公共工程国家审计法治的形成

党的十一届三中全会以后,国家经济发展进入一个新的历史时期,对我国审计工作的专门化、独立化提出了需求。1982年《宪法》经第五届全国人民代表大会第五次会议讨论通过,实行审计监督制度被写入国家根本法,由此确立了我国审计监督的法律地位,奠定了中国审计制度的基石,这是新中国审计法治的重要起点。这一时期,我国初步建立起公共工程国家审计监督规范性依据。

1983年8月20日发布的《国务院批转审计署关于开展审计工作几个问题的请示的通知》(国发〔1983〕130号)[①]规定,审计机关在工程审计方面的主要任务是审计监督基本建设单位的财务收支,考核其经济效益。基本建设是以扩大固定资产为目的的投资活动,在改革开放初期主要使用政府财政性资金和政府外债建设,属于政府投资工程。在20世纪80年代,由国有企业事业单位、临时组建的项目指挥部等建设实施,这些国有企业事业单位和项目指挥部被称为基本建设单位。

1985年8月29日发布的《国务院关于审计工作的暂行规定》(国发〔1985〕195号)[②]第5条规定了审计机关的主要任务,其中第2款规定对国营企业事业组织、基本建设单位、金融保险机构的财务收支及其经济效益进行审计监督;第5款规定对国家利用国际金融组织贷款的建设项目、联合国专门机构援建项目的财务收支进行审计监督。

1986年12月6日发布的《审计署办公厅关于印发基本建设和建筑业审计试行规程(草案)的通知》(〔1986〕审办基字78号)规定基本建设审计的监督对象有基本建设单位和建筑安装企业,对基本建设单位的审计内容包括:建设项目的确定、基本建设计划、基本建设财务收支计划(包括国家预算拨款、拨款改贷款、自筹资金、利用外资等)的执行及其结果。对施工企业则审计监督其财务收支、生产经营活动及其经济效益,此外,对基本建设和施工过程中发生的严重损失浪费和其他严重损害国家利益等违反财经法纪的行为开展专案(专项)审计。

1988年11月30日,国务院颁布《中华人民共和国审计条例》(国务院令第21号)(以下简称《审计条例》)[③],该条例中与工程审计有关的内容有:第12条规定审计机关监督的对象是全民所有制企业事业单位和基本建设单位;第13条规定审计监督的内容有基本建设和更新改造项目的财务收支,借用国外资金、接受国际援助项目的财

---

① 已失效。
② 已失效。
③ 已失效。

务收支。

1989年12月18日发布的《审计署、国家计委关于开展基本建设项目开工前审计的联合通知》（审基字〔1989〕419号）[①]要求基本建设新开工项目和恢复建设的停缓建项目进行开工前审计，由建设单位向审计机关提供项目建议书、可行性研究报告（设计任务书）、概预算书及其审批文件，资金来源及存入专业银行的凭证，财务计划和项目开工、复工报告等有关资料，未经审计不得批准开工或复工。

除上述规范审计工作的规定以外，这一时期与公共工程国家审计依据有关的规定主要有：1985年1月21日颁发的《会计法》[②]，规范各类主体的会计活动，加强会计管理，保障会计人员依法行使职权，发挥会计工作维护国家财政制度和财务制度等方面的作用，主要内容有总则、会计核算、会计监督、会计机构和会计人员、法律责任等。1986年6月25日颁发的《土地管理法》[③]，规范土地管理、利用、土地资源的保护、开发、耕地保护等活动，主要内容有总则、土地的所有权和使用权、土地的利用和保护、国家建设用地、乡（镇）村建设用地、法律责任等。1989年12月26日颁发的《中华人民共和国环境保护法》[④]（以下简称《环境保护法》），规范环境保护和改善，防治污染和其他公害等活动，主要内容有总则、环境监督管理、保护和改善环境、防治环境污染和其他公害、法律责任等。1989年12月26日颁发的《中华人民共和国城市规划法》[⑤]，对制定和实施城市规划，以及在城市规划区内进行建设等城市规划和建设活动进行规范，主要内容有总则、城市规划的制定、城市新区开发和旧区改建、城市规划的实施、法律责任等。

三、20世纪90年代公共工程国家审计法治的发展

1992年2月26日印发的《固定资产投资项目开工前审计暂行办法》（审基发〔1992〕84号）[⑥]，规定实行固定资产投资项目开工前审计制度，明确了审计程序、审计的主要内容、审计分工、处理原则等内容。

1993年2月22日发布的《审计署关于进一步做好建设项目开工前审计的通知》（审基发〔1993〕52号），强调了新开工建设项目必须经审计部门审计，确定资金来源

[①] 已失效。
[②] 1993年12月29日第一次修正，1999年10月31日修订，2017年11月4日第二次修正。
[③] 1988年12月29日第一次修正，1998年8月29日修订，2004年8月28日第二次修正，2019年8月26日第三次修正。
[④] 2014年4月24日修订。
[⑤] 2008年1月1日起被《中华人民共和国城乡规划法》取代。
[⑥] 已失效。

落实后，才能批准开工的要求，开工前审计内容，重点是对建设项目资金来源的合理性、可靠性进行审计。

1994年8月31日颁发的《审计法》[①]是新中国第一部审计法律，《审计法》规定了审计机关和审计人员、审计机关职责、审计机关权限、审计程序、法律责任等内容，是审计工作最主要的法律依据。《审计法》含有审计工作的实体性、程序性和组织性等内容，是一部综合性法律，是审计工作的一般法。《审计法》第三章规定了审计机关职责，第23条规定国家建设项目预算的执行情况和决算属于审计机关监督范围。

1996年4月5日印发的《建设项目审计处理暂行规定》（审投发〔1996〕105号）[②]，明确审计监督的工程项目范围是使用国家财政性资金、专项资金、国家计划安排的银行贷款、利用外资等的基本建设项目和技术改造项目。该暂行规定列示了建设项目中的各种违规行为及其处理规定，对违反开工前建设审批程序、项目资本金不落实、擅自扩大建设规模、概算不实、违规使用资金等各类事项规定了适用的处理处罚办法。处理处罚对象范围相当广泛，不仅有建设单位，也有施工单位、设计单位以及其他相关责任单位，甚至还包括相关领导人和责任人员。

1996年12月13日审计署发布《审计机关对国家建设项目竣工决算审计实施办法》（审投发〔1996〕346号）[③]，规定政府工程竣工决算审计的范围是设计、施工、监理等单位与建设项目有关的财务收支，主要审计内容有：建设项目竣工决算报表、投资及概算执行情况、建筑安装工程核算、设备投资核算、待摊投资的列支内容和分摊、交付使用资产情况、尾工工程的未完工程量及所需要的投资、结余资金、投资效益等。

1996年12月17日审计署发布《审计机关对国家建设项目预算（概算）执行情况审计实施办法》（审投发〔1996〕347号）[④]，规定政府工程的审计内容有：国家建设项目准备阶段资金运用情况、经济合同实施情况、调整概算情况、建设单位内部控制制度、建设资金来源与到位以及使用情况、建设成本及其他财务收支核算等，同时还规定了对设计、施工、监理等单位的审计内容。

1997年10月21日国务院出台《审计法实施条例》（中华人民共和国国务院令第231号）[⑤]，在《审计法》的基础上进一步明确了国家建设项目审计的范围、对象和内容，第21条规定审计监督的范围是以国有资产投资或者融资为主的基本建设项目和技

---

① 2006年2月28日第一次修正，2021年10月23日第二次修正。
② 已失效。
③ 已失效。
④ 已失效。
⑤ 2010年2月11日修订。

术改造项目,审计监督对象是与国家建设项目直接有关的建设、设计、施工、采购等单位;第22条规定国家建设项目审计的内容有国家建设项目总预算或者概算的执行情况、年度预算的执行情况、年度决算、项目竣工决算。

1999年2月13日下发的《国务院办公厅关于加强基础设施工程质量管理的通知》(国办发〔1999〕16号)在"加大执法和监督力度,把好工程质量关"的部分,要求依照《审计法》对国家拨款的基础设施建设项目加强审计,对重大项目进行专项审计和跟踪审计,对审计中发现的问题,要依法严肃处理。

1999年4月1日发布的《审计署关于加强基础设施建设资金和建设项目审计监督工作的通知》(审投发〔1999〕36号)指出,1998年以来党中央、国务院采取积极财政政策,为扩大内需和应对亚洲金融危机,增发1000亿元国债专项资金,重点用于基础设施建设特别是水利建设。该通知要求贯彻落实党中央、国务院的指示精神,搞好基础设施建设资金和建设项目的审计监督工作。要求审计机关认真履行职责,坚持依法审计,突出两个审计重点:基础设施的建设资金,特别是国债专项资金(包括地方配套资金)和重点项目。其中建设资金着重检查地方政府及计划、财政等投资管理部门、项目主管部门,执行国家投资计划和工程进度拨付、资金使用等管理活动,以及资金用途、专款专用情况,资金截留、挤占、挪用等问题。重点基础设施工程项目着重检查各项管理制度和工程概算(预算)执行情况,查处各种腐败和损失浪费问题,促进加强项目建设管理,确保工程质量,提高投资效益。

除上述规范审计工作的规定以外,这一时期与公共工程国家审计依据有关的规定主要有:1992年9月4日颁发的《中华人民共和国税收征收管理法》[①],规范税收征收管理活动,主要内容有总则、税务管理、税款征收、税务检查、法律责任等。1994年3月22日颁发的《预算法》[②],规范预算的管理,强化预算的分配和监督职能,主要内容有总则、预算管理职权、预算收支范围、预算编制、预算审查和批准、预算执行、预算调整、决算、监督、法律责任等。1997年11月1日颁发的《建筑法》[③],规定对建筑活动进行监督管理,保证建筑工程的质量和安全等内容,该法由八个部分组成,主要内容有:总则、建筑许可、建筑工程发包与承包、建筑工程监理、建筑安全生产管理、建筑工程质量管理、法律责任等。1999年8月30日颁发的《招标投标法》[④],规范

[①] 1995年2月28日第一次修正,2001年4月28日修订,2013年6月29日第二次修正,2015年4月24日第三次修正。
[②] 2014年8月31日第一次修正,2018年12月29日第二次修正。
[③] 2011年4月22日第一次修正,2019年4月23日第二次修正。
[④] 2017年12月27日修正。

招标投标活动,主要内容有:总则、招标、投标、开标、评标和中标、法律责任等。1999年3月15日颁发的《中华人民共和国合同法》①(以下简称《合同法》),保护合同当事人的合法权益,规范平等主体之间的合同行为,主要内容有:一般规定、合同的订立、合同的效力、合同的履行、合同的变更和转让、合同的权利义务终止、违约责任以及买卖合同等15种有名合同的规定。

四、21世纪公共工程国家审计法治体系的完善

2001年8月1日,审计署发布的《审计机关国家建设项目审计准则》(审计署令第3号,以下简称《建设项目审计准则》)②是一部规范工程审计活动的部门规章,《建设项目审计准则》第2条规定了国家建设项目的审计范围,即以国有资产投资或者融资为主(即占控股或者主导地位)的基本建设项目和技术改造项目,审计监督的对象是与项目直接有关的建设、勘察、设计、施工、监理、采购、供货等单位,这与我国建筑行业的进一步细分,勘察与设计单位的分离,以及引入社会监理制度有关。《建设项目审计准则》还规定审计内容包括工程总预算或者概算的执行情况、年度预算、竣工决算、建设程序、建设资金筹集、征地拆迁、工程招投标、与项目有关的合同、设备、材料采购、债权债务、税费、建设成本、工程质量、环境保护、投资效益等。

2006年1月20日,审计署发布的《政府投资项目审计管理办法》(审投发〔2006〕11号)③规定了政府投资项目的范围、审计对象、审计内容、审计结果报告、公布等内容。

2006年2月28日修正的《审计法》第22条规定:"审计机关对政府投资和以政府投资为主的建设项目的预算执行情况和决算,进行审计监督。"明确由审计机关作为主体履行公共工程的监督职责。近年来,我国开展了国家监督体系的综合改革,一是在2018年2月28日党的十九届三中全会通过《中共中央关于深化党和国家机构改革的决定》。2018年3月21日中共中央印发《深化党和国家机构改革方案》,决定组建中央审计委员会,明确要"构建集中统一、全面覆盖、权威高效的审计监督体系"。二是在2018年3月11日第十三届人大一次会议通过《中华人民共和国宪法修正案》(以下简称《宪法修正案》),第三章"国家机构"增加第七节"监察委员会"。2018年3月20日通过《中华人民共和国监察法》,国家监察委员会正式设立。2018年9月7日

---

① 2021年1月1日起被《中华人民共和国民法典》取代。
② 2011年1月1日起被《中华人民共和国国家审计准则》(中华人民共和国审计署令第8号)取代。
③ 2010年12月31日起被《审计署关于印发政府投资项目审计规定的通知》(审投发〔2010〕173号)取代。

十三届全国人大常委会公布立法规划,将《审计法》修改列入十三届全国人大常委会立法项目,审计署再次启动《审计法》修改工作。

2010年2月11日修订的《审计法实施条例》(中华人民共和国国务院令第571号)第20条对2006年《审计法》第22条的内容进行了细化,具体规定"政府投资和政府投资为主的建设项目"的范围用两个标准来界定:一是资金比例,全部使用财政资金或财政资金占总投资超过50%的项目;二是项目的实际控制权,即财政资金在50%以下,但政府拥有项目建设、运营实际控制权的项目。但《审计法实施条例》并没有具体解释实际控制权如何加以界定,使得审计实践中并不好把握这一标准。在审计内容方面,《审计法实施条例》将2006年《审计法》中的"预算执行和决算"解释为:建设项目的总预算或者概算的执行情况、年度预算的执行情况和年度决算、单项工程结算、项目竣工决算。审计内容从两个方面加以界定:一是按照年度审计,包括年度预算执行情况和年度决算,二是以建设项目为对象的审计,包括建设项目总预算、概算、单项工程结算、竣工决算。关于延伸审计,《审计法实施条例》规定审计机关可以对有关建设项目的设计、施工、供货等单位取得建设资金的真实性、合法性进行调查。

2010年9月1日,审计署发布《国家审计准则》,废止了《建设项目审计准则》,同时废止的还有1996—2002年审计署发布的27项审计准则、审计实施办法、审计规定等文件,虽然《国家审计准则》整合了审计机关和审计人员、审计计划、审计实施、审计报告、审计质量控制和责任等内容,使不同类型的审计工作具有统一的工作标准,但就公共工程国家审计而言,《建设项目审计准则》所规定的审计内容部分更具有指导意义。

2010年12月31日发布的《政府投资项目审计规定》(审投发〔2010〕173号)主要内容有:政府投资项目审计的对象、范围和内容,年度政府投资审计项目计划,跟踪审计的范围,审计的重点内容,绩效审计目标,重点投资项目竣工决算前审计,被审计单位,处理处罚以及移送,审计报告,审计质量控制,整改检查,公告,等等。与2006年1月20日发布的《政府投资项目审计管理办法》相比,2010年发布的《政府投资项目审计规定》在适用范围、审计对象、内容等方面有较大的修改,特别是取消了《政府投资项目审计管理办法》第6条"政府重大投资项目应当在相关合同中列明:必须经审计机关审计后方可办理工程结算或竣工决算",表明公共工程国家审计的强制性审计特征受到挑战,是否在合同中约定依照国家审计结论办理工程结算或竣工决算,成为合同双方自愿的行为。

2014年10月23日,党的十八届四中全会通过了《中共中央关于全面推进依法治国若干重大问题的决定》,提出全面推进依法治国的总目标和重大任务。要求强化对行

法治视角下的公共工程国家审计研究

政权力的制约和监督,加强党内监督、人大监督、民主监督、行政监督、司法监督、审计监督、社会监督、舆论监督制度建设,努力形成科学有效的权力运行制约和监督体系,增强监督合力和实效。提出完善审计制度,保障依法独立行使审计监督权。对公共资金、国有资产、国有资源和领导干部履行经济责任情况实行审计全覆盖。强化上级审计机关对下级审计机关的领导。探索省以下地方审计机关人财物统一管理。推进审计职业化建设。

2014年10月9日下发的《国务院关于加强审计工作的意见》(国发〔2014〕48号)提出,要推动审计方式创新,探索预算执行项目分阶段组织实施审计的办法,对包括重大投资项目在内的重大项目审计开展全过程跟踪审计。

2015年3月10日下发的《国务院办公厅关于创新投资管理方式建立协同监管机制的若干意见》(国办发〔2015〕12号),要求审计部门"加强对政府投资项目、国有企业投资项目以及以政府和社会资本合作等方式建设的其他公共工程项目的审计监督,持续组织对贯彻落实国家重大政策措施,特别是重大项目落地、重点资金保障等情况进行跟踪审计"。

2016年7月5日下发的《中共中央 国务院关于深化投融资体制改革的意见》,提出要加强政府投资事中事后监管,完善政府投资监管机制,加强投资项目审计监督,要建立后评价制度,健全政府投资责任追究制度。建立社会监督机制,推动政府投资信息公开,鼓励公众和媒体对政府投资进行监督。

2017年10月18日,为加强对法治中国建设的统一领导,成立中央全面依法治国领导小组。2018年3月21日,中共中央印发《深化党和国家机构改革方案》,提出组建中央全面依法治国委员会,2018年3月成立中央审计委员会,加强党对审计工作的领导。在全面依法治国的背景下,公共工程国家审计工作也加快了法治化进程。

2017年9月6日出台的《审计署关于进一步完善和规范投资审计工作的意见》(审投发〔2017〕30号),内容主要有坚持依法审计、认真履行审计监督职责,坚持突出重点、切实提高投资审计工作质量和效果,健全完善制度机制、有效运用投资审计结果,严格遵守审计纪律、加强廉政风险防控等四个方面。强调依法审计,审计机关要在"法定职责权限范围内开展审计工作,依法确定审计对象和范围""审计机关和审计人员要依法独立行使审计监督权,不得参与工程项目建设决策和审批、征地拆迁、工程招标、物资采购、质量评价、工程结算等管理活动"。针对投资审计工作实践中,审计人员超越法定职责权限,审计活动介入工程管理过程,以至于丧失独立性的问题提出了明确规定。

2019年6月28日发布的《审计署办公厅印发〈关于进一步完善和规范投资审计

工作的意见〉贯彻落实中常见问题解答的通知》(审办投发〔2019〕59号),解答了工程建设项目审计实践中审计法定程序、职责权限、对象范围等十三个方面的问题,具有很强的实践指导意义。

2020年10月9日发布的《中华人民共和国审计署、中华人民共和国国家发展和改革委员会、中华人民共和国财政部等关于废止建设项目审计处理暂行规定的决定》(中华人民共和国审计署、中华人民共和国国家发展和改革委员会、中华人民共和国财政部、中华人民共和国住房和城乡建设部、国家市场监督管理总局令第13号),被认为是公共投资审计法治化建设的重要举措,具有重要的法治意义。[①]

2021年10月23日通过的《全国人民代表大会常务委员会关于修改〈中华人民共和国审计法〉的决定》(中华人民共和国主席令第100号),将"关系国家利益和公共利益的重大公共工程项目的资金管理使用和建设运营情况"纳入审计监督范围。

除上述规范审计工作的法治建设以外,在此阶段与公共工程国家审计依据有关的法治建设还有:2007年10月28日颁发的《中华人民共和国城乡规划法》,并分别于2015年和2019年两次修正,对制定和实施城乡规划、在规划区内进行建设活动等进行规范,主要包括总则、城乡规划的制定、城乡规划的实施、城乡规划的修改、监督检查、法律责任等内容。1988年、2004年和2019年三次修正的《土地管理法》。2011年和2019年两次修正的《建筑法》。2014年修订的《环境保护法》。2017年修正的《招标投标法》。2014年和2018年两次修正的《预算法》。1993年、2017年两次修正的《会计法》。2020年5月28日颁发的《民法典》,其中的第二编物权和第三编合同都是公共工程国家审计的重要依据。

本节所涉及的规范公共工程国家审计工作的主要法治建设资料和文件如表4-2-1所示。

表4-2-1 规范公共工程国家审计的主要法治建设资料和文件

序号	发文/修订(修正)时间	发文机构	文件名称	失效时间
1	1950年12月	政务院	《中央人民政府政务院为加强国家财政管理严格执行财政纪律令》	—
2	1982年12月4日	全国人民代表大会	《宪法》	

---

① 中华人民共和国审计署.公共投资审计法治化建设的重要举措:深刻认识五部门联合印发《关于废止建设项目审计处理暂行规定的决定》的法治意义[EB/OL].[2022-08-04].http://www.audit.gov.cn/n4/n19/c142280/content.html.

续表

序号	发文/修订（修正）时间	发文机构	文件名称	失效时间
3	1983年8月20日	国务院	《国务院批转审计署关于开展审计工作几个问题的请示的通知》	1985年8月29日
4	1985年8月29日	国务院	《国务院关于审计工作的暂行规定》	1989年1月1日
5	1986年12月6日	审计署办公厅	《审计署办公厅关于印发基本建设和建筑业审计试行规程（草案）的通知》	—
6	1988年11月30日	国务院	《审计条例》	1995年1月1日
7	1989年12月18日	审计署、国家计委	《审计署、国家计委关于开展基本建设项目开工前审计的联合通知》	2003年9月18日
8	1992年2月26日	审计署、国家计委、建设部	《固定资产投资项目开工前审计暂行办法》	2003年9月18日
9	1993年2月22日	审计署	《审计署关于进一步做好建设项目开工前审计的通知》	
10	1994年8月31日	全国人民代表大会常务委员会	《审计法》	
11	1996年4月5日	审计署、国家计委、财政部等六部委局	《建设项目审计处理暂行规定》	2020年10月9日
12	1996年12月13日	审计署	《审计机关对国家建设项目竣工决算审计实施办法》	2001年8月1日
13	1996年12月17日	审计署	《审计机关对国家建设项目预算（概算）执行情况审计实施办法》	2001年8月1日
14	1997年10月21日	国务院	《审计法实施条例》	
15	1999年2月13日	国务院办公厅	《国务院办公厅关于加强基础设施工程质量管理的通知》	
16	1999年4月1日	审计署	《审计署关于加强基础设施建设资金和建设项目审计监督工作的通知》	
17	2001年8月1日	审计署	《建设项目审计准则》	2011年1月1日

续表

序号	发文/修订（修正）时间	发文机构	文件名称	失效时间
18	2006年1月20日	审计署	《政府投资项目审计管理办法》	2010年12月31日
19	2006年2月28日	全国人民代表大会常务委员会	《审计法》	
20	2010年2月11日	国务院	《审计法实施条例》	
21	2010年9月1日	审计署	《国家审计准则》	
22	2010年12月31日	审计署	《政府投资项目审计规定》	
23	2014年10月23日	中国共产党中央委员会	《中共中央关于全面推进依法治国若干重大问题的决定》	
24	2015年3月10日	国务院办公厅	《国务院办公厅关于创新投资管理方式建立协同监管机制的若干意见》	
25	2016年7月5日	中国共产党中央委员会、国务院	《中共中央 国务院关于深化投融资体制改革的意见》	
26	2017年9月6日	审计署	《审计署关于进一步完善和规范投资审计工作的意见》	
27	2018年3月21日	中国共产党中央委员会	《深化党和国家机构改革方案》	
28	2019年6月28日	审计署办公厅	《审计署办公厅印发〈关于进一步完善和规范投资审计工作的意见〉贯彻落实中常见问题解答的通知》	
29	2020年10月9日	审计署、国家发展和改革委员会、财政部、住房和城乡建设部、国家市场监督管理总局令	《中华人民共和国审计署、中华人民共和国国家发展和改革委员会、中华人民共和国财政部等关于废止建设项目审计处理暂行规定的决定》	
30	2021年10月23日	全国人民代表大会常务委员会	《审计法》	

注：表中失效时间列中的"—"表明未查到失效时间，空白表示现行有效。

第三节　法治视角下公共工程国家审计的基本要素

我国公共工程国家审计制度是国家审计制度的组成部分。最高审计机关隶属国务院，地方县级以上审计机关隶属各级人民政府，2018年组建的中央审计委员会是党中央决策议事协调机构，审议决定审计工作的重大事项。中央审计委员会的成立加强了党对审计工作的领导，目的是构建集中统一、全面覆盖、权威高效的审计监督体系，有利于更好地发挥审计监督作用。

最高审计机关为审计署，审计署设审计长一人，副审计长若干人。审计长由国务院总理提名，全国人民代表大会决定人选，国家主席任命，副审计长由国务院任命。地方各级审计机关正职负责人由本级人民代表大会常务委员会任命，副职由本级人民政府任免。审计机关受本级人民政府委托向本级人民代表大会常务委员会作审计工作报告，接受本级人民代表大会及其常务委员会的监督。审计署设办公厅、政策研究室、17个司以及机关党委等机构，其中固定资产投资审计司负责组织审计中央投资、以中央投资为主的建设项目以及其他关系到国家利益和公共利益的重大公共工程项目。地方各级审计机关负责审计地方投资为主的建设项目。地方审计机关的审计业务以上级审计机关领导为主，向本级人民政府和上一级审计机关负责并报告工作。自1983年新中国审计制度建立至今，公共工程国家审计的目的、对象、范围、内容等方面都在发生变化，以下对公共工程国家审计制度基本要素进行回顾和梳理。

一、公共工程国家审计的目标

《辞海》解释"目的"是人在行动之前根据需要在观念上为自己设定的目标或结果[①]，《辞海》对"目标"没有单独解释，但对"审计目标"有解释，即在一定历史环境下，人们通过审计实践活动所期望达到的目的或最终结果[②]。《辞海》中的审计目标和目的似乎在互为解释，可以看出审计目的是观念上的审计目标，而审计目标不能脱离具体的审计实践活动，因此审计目标需要和现实的审计事项、审计工作或审计活动联系

---

① 辞海.目的[M/OL].[2022-08-05].https://www.cihai.com.cn/search/words?q=%E7%9B%AE%E7%9A%84.

② 辞海.审计目标[M/OL].[2022-08-05].https://www.cihai.com.cn/search/words?q=%E7%9B%AE%E6%A0%87.

在一起才有意义。理论和实践中对工程审计的目标和目的经常会不加区分的使用。在理论研究方面，当前对审计目标的认识存在两个方面的内容：一是从理论层面上将审计目标界定为审计所要达到的效果；二是从实务层面提出国家审计的目标是监督国家法律法规和重大政策措施的贯彻落实，维护国家安全，改进民生福祉，完善国家治理体系，提升国家治理能力。[①]

对工程审计目标的理论研究可分为委托代理目标观和管理目标观。委托代理目标观从委托代理关系出发，郑石桥等学者将工程审计目标分为委托人目标和审计机构目标，认为委托人目标是工程审计的终极目标，委托人目标是委托人希望通过工程审计来抑制代理人在工程类经管责任履行中的负面问题；审计机构目标是工程审计机构的直接目标，是工程审计机构希望通过工程审计来发现代理人在工程类经管责任履行中的负面问题并促使其整改，表现为真实性、合法性、效益性和健全性，不同的工程审计主题和工程审计业务有不同的直接目标。[②]

管理目标观从审计的功能和作用的角度研究工程审计的目标，认为工程审计的目标是提升被审计单位的管理水平和促进工程建设目标的实现。提升被审计单位的项目管理水平是要完善建设单位内部控制，发现建设单位在工程管理中的薄弱环节和漏洞，提升管理效率。工程建设目标是要实现工程在投资、质量、工期、安全文明施工等方面的目标，保障工程投资的真实性、合法性、效益性。具有代表性的观点有：建设项目审计的最终目的是通过监督，保证建设项目以最小的投资、最合理的工期，建造最优的建筑产品。[③]固定资产投资审计的目标除体现真实性、合法性和效益性之外，还应体现项目建设的投资目标、工期目标和质量目标。[④]工程审计的目的包括：监督财政、财务收支的合法性，监督工程信息的真实性、审计建设项目实施过程的合法性，监督建设单位内控制度的建立、审计工程项目的绩效状况。[⑤]工程审计的目的还包括预警作用，即能够及时发现工程项目管理过程中存在的漏洞及违纪违规苗头，有针对性地提出建议，促进被审计单位及时采取措施、完善相关制度、堵塞管理漏洞、防止或降低工程建设过程的各种风险。[⑥]审计目标是工程项目审计工作应达到的目的，主要是保

[①] 刘力云，崔孟修，王慧，等.对国家审计基本概念仍需深入研究：基于一项有关国家审计基本概念和定义认知访谈结果的分析［J］.会计之友，2021（8）：18.

[②] 郑石桥，时现，王会金.论工程审计目标［J］.财会月刊，2019（18）：92-95.

[③] 时现.建设项目审计新探［J］.审计与经济研究，2000，15（5）：15.

[④] 时现.投资主体多元化对固定资产投资审计的影响［J］.中国审计信息与方法，2003（10）：10.

[⑤] 张鼎祖，谢志明，喻采平，等.工程项目审计学［M］.北京：人民交通出版社，2013：34.

[⑥] 赵庆华，余璠璟，邵荣庆.工程审计［M］.北京：机械工业出版社，2020：12.

法治视角下的公共工程国家审计研究

证工程项目建设各个环节的真实性、合法性和有效性，确保实现工期、投资、质量目标。对审计过程中发现的管理薄弱环节和漏洞，应及时提出建议，以提高项目管理水平。[1] 建设项目审计的目的是对建设项目的工程建设活动和经济活动的真实性、合法合规性和有效性进行审计监督和评价，形成审计意见，提出改进建议。审计工作可以直接或间接地督促建设单位规范内部管理，保障项目建设的合法合规性以及建设项目投资、质量、工期、安全文明施工等目标的实现。[2]

在实务层面，2017年9月时任审计署审计长的胡泽君指出，投资审计要以促进相关单位尽职尽责、促进项目顺利完成、促进提高投资绩效为目标。[3]《政府投资项目审计规定》第7条规定，审计机关在真实性、合法性审计的基础上，应当更加注重检查和评价政府投资项目的绩效，逐步做到所有审计的政府重点投资项目都开展绩效审计。《公共工程项目跟踪审计指南》指出现阶段公共工程项目跟踪审计的总体目标有五个：保障国家重大政策措施贯彻落实；促进提高公共资金绩效；推进深化投融资体制改革；促进保障和改善民生；推进反腐倡廉建设。[4] 该目标包含了当前公共工程项目跟踪审计实务应关注的重点内容以及审计应当发挥的作用。

二、公共工程国家审计的对象

工程审计的对象是指工程审计的被审计单位，有的文献称之为工程审计的客体[5]。按照被审计单位范围的大小，有三种不同的观点：第一种观点认为被审计单位仅有建设单位；第二种观点认为除建设单位以外，还包含建设参与单位，如勘察设计、施工、监理、材料设备供货单位等直接参与工程建设的相关单位；第三种观点认为除直接参与工程建设的单位以外，被审计单位还应当包括政府建设管理部门或者投资人、使用单位等。

持有第一种观点的理由是：对某些工程项目而言，由于工程施工单位的数量可能很多，如果将施工单位作为被审计单位存在操作上的困难，仅将建设单位作为被审计对象可以简化政府投资项目的审计程序。[6]

---

[1] 姜月运.工程项目审计研究[M].北京：人民交通出版社股份有限公司，2019：9.
[2] 中天恒建设项目审计编写组.建设项目审计操作案例分析[M].北京：中国市场出版社，2015：13.
[3] 胡泽君.在全国审计机关进一步完善和规范投资审计工作电视电话会议上的讲话[M]//《中国审计年鉴》编委会.中国审计年鉴2018.北京：中国时代经济出版社，2019：28-32.
[4] 审计署固定资产投资审计司编写组.公共工程项目跟踪审计指南[M].北京：中国时代经济出版社，2020：4-5.
[5] 有的文献认为审计的项目以及内容都是审计的客体或对象，本书仅以被审计单位作为审计的对象。
[6] 胡贵安.简化政府投资项目审计程序的法理探析[J].财会月刊，2008（34）：41-42.

持有第二种观点的人认为，国家建设项目审计监督的对象包括建设单位和其他项目参与者，后者又包括勘察、设计、施工、监理、采购、供货等单位。但在审计实践中，审计机关可以直接审计建设单位，却不能直接审计其他项目参与者。理由是建设单位直接管理使用财政资金，这是一种受政府委托对国有资产的经营管理行为，而其他项目参与者并没有直接使用和管理财政资金，审计机关即使发现问题，也只能追究建设单位的责任，如果建设单位无法通过自身力量解决问题，也只能由建设单位通过法律渠道解决。[1]

大部分学者持有第三种观点，认为政府投资项目审计的客体包括项目主管部门、建设单位、施工单位、监理单位、供应商和其他参建方。投资审计的被审计单位不仅包括项目业主，还应当包括审批、咨询、勘察、设计、建设管理、施工、监理、质检、验收、移民、拆迁等与建设项目利益相关者。[2] 工程项目审计对象是审计工作所面对的工程项目实施主体即工程项目参与者，包括建设单位、设计单位、施工单位、监理单位、金融机构、住房建设行政主管部门、建设单位主管部门等所有参与工程项目建设管理工作的部门和单位。[3] 我国建设项目的建设过程的参与单位，主要包括投资人、建设单位、勘察单位、设计单位、施工单位、监理单位、使用单位（客户）等，从理论上说，上述所有参与单位都是政府投资审计的对象。[4] 建设项目审计的对象是建设和管理活动的各类单位，这些单位主要是建设项目的主管部门、各地方或国家的政府机关、建设单位、设计单位、施工单位、金融机构、监理单位以及参与项目建设与管理的所有部门或单位。[5] 工程审计的客体是资源类委托代理关系中的代理人，在出资人与建设单位的委托代理关系中，建设单位是被审计单位；在建设单位总部与内部单位、施工单位总部与内部单位的委托代理单位中，各自的内部单位是被审计单位；在政府和工程监管部门的委托代理关系中，工程监管部门是被审计单位。[6]

回顾历年来我国审计法律规范体系和相关文件，对公共工程国家审计对象的规定历经了较大的变化，且与理论研究存在较大差异，有关法律法规和文件规定如表4-3-1所示。

---

[1] 赵庆华，余璠璟，邵荣庆. 工程审计[M]. 北京：机械工业出版社，2020：23-24.
[2] 杨献龙. 固定资产投资项目绩效审计对象和内容的再认识[J]. 审计研究，2009（5）：36.
[3] 张鼎祖，谢志明，喻采平，等. 工程项目审计学[M]. 北京：人民交通出版社，2013：33.
[4] 时现. 公私合伙（PPP）模式下国家建设项目审计问题研究[J]. 审计与经济研究，2016，31（3）：5.
[5] 尹平，郑石桥. 政府审计学[M]. 北京：中国时代经济出版社，2013：274.
[6] 郑石桥，时现，王会金. 论工程审计客体[J]. 财会月刊，2019（16）：95-97.

表 4-3-1　法律法规及规范性文件中公共工程国家审计对象的规定

序号	文件名称	被审计单位
1	《国务院批转审计署关于开展审计工作几个问题的请示的通知》	基本建设单位
2	《国务院关于审计工作的暂行规定》	基本建设单位
3	《审计署办公厅关于印发基本建设和建筑业审计试行规程（草案）的通知》	1. 基本建设单位； 2. 建筑安装企业
4	《审计条例》	基本建设单位
5	《审计署、国家计委关于开展基本建设项目开工前审计的联合通知》	建设单位
6	《固定资产投资项目开工前审计暂行办法》	建设单位
7	《审计法》（1994）	未明确表述被审计单位
8	《建设项目审计处理暂行规定》	未明确表述被审计单位（违规处罚对象主要是建设单位、施工单位和设计单位）
9	《审计机关对国家建设项目预算（概算）执行情况审计实施办法》	建设单位、设计单位、施工单位、监理单位
10	《审计法实施条例》（1997）	与国家建设项目直接有关的建设、设计、施工、采购等单位
11	《建设项目审计准则》	建设单位
12	《政府投资项目审计管理办法》	项目法人单位或其授权委托进行建设管理的单位（在审计通知书中明确，实施审计中将对与建设项目相关的单位进行延伸审计或审计调查。延伸审计发现相关单位存在问题需要做出处理处罚的，应当履行必要的审计程序，补发审计通知书）
13	《审计法》（2006）	未明确表述被审计单位
14	《审计法实施条例》（2010）	未明确表述被审计单位（对直接有关的设计、施工、供货等单位取得建设项目资金的真实性、合法性进行调查）
15	《政府投资项目审计规定》	项目法人单位或其授权委托进行建设管理的单位（在审计通知书中应当明确，实施审计中将对与项目直接有关的设计、施工、监理、供货等单位取得项目资金的真实性、合法性进行调查）

续表

序号	文件名称	被审计单位
16	《审计法》（2021）	未明确表述被审计单位

从表 4-3-1 中可以得出以下结论：

（1）在法律层面，1994 年和 2006 年《审计法》均未明确表述国家建设项目的被审计单位；2021 年修正的《审计法》将关系国家利益和公共利益但非国有投资为主的项目（如 PPP 项目）纳入审计监督范围，但被审计单位的确定没有法律依据。

（2）在行政法规层面，1997 年的《审计法实施条例》规定：与国家建设项目直接有关的建设、设计、施工、采购等单位是审计监督的对象。2010 年修正后改为设计、施工、供货等单位是审计调查的对象，修订后的《审计法实施条例》没有明确表述被审计单位。

（3）部门规章及规范性文件对被审计单位的规定经历了以下变化：①被审计单位的名称从基本建设单位变更为建设单位，这种称谓的变化与我国建设市场的改革发展有关，建设领域将更新改造工程与基本建设工程合称为建设工程，相应的被审计单位也称为建设单位。②施工单位曾经是被审计单位。1986 年发布的《审计署办公厅关于印发基本建设和建筑业审计试行规程（草案）的通知》曾经将施工企业作为建筑业审计的被审计单位。③所有与建设项目相关的单位也曾经是被审计单位。2006 年发布的《政府投资项目审计管理办法》将所有与项目建设相关单位的设计、施工、监理、供货等单位都作为被审计单位，并提出具体策略，即事先以建设单位为被审计单位，其他相关单位作为延伸审计对象，涉及审计处理处罚事项时，再对延伸审计对象补发审计通知书。④现行有效的部门规章最终以项目法人单位或其授权委托进行建设管理的单位作为被审计单位。《政府投资项目审计规定》第 10 条规定：政府投资项目审计应当以项目法人单位或其授权委托进行建设管理的单位为被审计单位，同时审计通知书要明确，与项目直接有关的设计、施工、监理、供货等单位是审计调查对象。

三、公共工程国家审计的项目

公共工程国家审计的项目是指应当接受国家审计的公共工程。国家审计机关除审计以国家财政投资或融资为主的建设项目以外，还应当将以下两类项目纳入审计范围：不需要政府投资或政府投资比重较小的重大项目，如基础设施项目、公共工程项目等；

限额以上的投资项目，即投资额比较大的项目。[①]

我国审计法律规范体系和相关文件对公共工程国家审计项目的规定的变化情况如表4-3-2所示。

表4-3-2　法律法规及规范性文件中公共工程国家审计项目的变化情况

序号	文件名称	项目
1	《审计署办公厅关于印发基本建设和建筑业审计试行规程（草案）的通知》	建设项目
2	《固定资产投资项目开工前审计暂行办法》	固定资产投资项目
3	《审计法》（1994）	1. 国家建设项目； 2. 国际组织和外国政府援助、贷款项目
4	《建设项目审计处理暂行规定》	国家建设项目，包括使用国家财政性资金、专项资金、国家计划安排的银行贷款和利用外资等的基本建设和技术改造项目
5	《审计机关对国家建设项目竣工决算审计实施办法》	以国有资产投资或者融资为主的基本建设项目和技术改造项目
6	《审计机关对国家建设项目预算（概算）执行情况审计实施办法》	国有资产投资或者融资为主的基本建设项目和技术改造项目
7	《审计法实施条例》（1997）	1. 以国有资产投资或者融资为主的基本建设项目和技术改造项目； 2. 国际组织和外国政府援助、贷款项目
8	《建设项目审计准则》	国有资产投资或者融资为主（即占控股或者主导地位）的基本建设项目和技术改造项目
9	《政府投资项目审计管理办法》	1. 以各级政府为建设主体的投资项目，主要包括财政预算内外资金（含国债资金）投资项目； 2. 国家主权外债资金项目，使用各类专项建设资金项目； 3. 法律、法规和本级人民政府规定的其他政府投资项目
10	《审计法》（2006）	1. 政府投资和以政府投资为主的建设项目； 2. 国际组织和外国政府援助、贷款项目
11	《审计法实施条例》（2010）	1. 政府投资和以政府投资为主的建设项目； 2. 国际组织和外国政府援助、贷款项目

---

① 时现．关于公共工程投资绩效审计的思考［J］．审计与经济研究，2003（6）：28-31.

续表

序号	文件名称	项目
12	《政府投资项目审计规定》	政府投资和以政府投资为主的项目
13	《国务院办公厅关于创新投资管理方式建立协同监管机制的若干意见》	政府投资项目、国有企业投资项目以及以政府和社会资本合作等方式建设的其他公共工程项目
14	《审计法》（2021）	1.政府投资和以政府投资为主的建设项目； 2.其他关系国家利益和公共利益的重大公共工程项目； 3.国际组织和外国政府援助、贷款项目

在不同发展时期，法律法规以及规范性文件对公共工程国家审计的项目的表述有所不同，例如，建设项目、固定资产投资项目、国有资产投资或者融资为主的基本建设项目和技术改造项目、政府投资和以政府投资为主的项目等。总之，在1994年之前，工程审计监督的项目都是政府工程。1994年，《审计法》将国际组织和外国政府援助、贷款项目纳入审计监督范围。2015年国务院印发的《国务院办公厅关于创新投资管理方式建立协同监管机制的若干意见》，明确加强政府投资项目、国有企业投资项目、以政府和社会资本合作等方式建设的其他公共工程项目的审计监督。因此，除政府投资项目以外，其他主体投资建设的公共工程也明确纳入审计项目范围。2021年修正的《审计法》审计监督范围增加了"关系国家利益和公共利益的重大公共工程项目"，这是对国务院文件的进一步落实。我国公共工程审计项目的范围从原来的政府工程扩展到重大公共工程，表明经济社会发展对政府工程以外的其他公共工程具有审计监督需求。

四、公共工程国家审计的内容

一般认为公共工程国家审计的内容是工程建设活动过程中的技术经济活动。[1] 建设项目审计的内容是建设过程中的所有技术经济活动及其相关工作。[2] 固定资产投资审计的内容应该以项目建设程序为主线，围绕建设项目的建设与管理工作全方位地展开，包括投资决策审计、设计工作审计、招标投标审计、预算执行情况及竣工决算审计以及工程质量审计、施工进度审计等方面的内容。

有人关注了公共工程国家审计内容的变化，认为我国工程审计的内容经历了从资

---

[1] 有的文献将工程建设活动过程中的技术经济活动称为审计的客体，本书将其称为审计的内容。
[2] 时现.建设项目审计[M].北京：中国时代经济出版社，2015：15-16.

法治视角下的公共工程国家审计研究

金审计到建设全过程绩效审计的变化,对这方面的研究主要有以下观点:经过多年的发展,国家建设项目审计的内容从开始的资金审计到现在的全方位、全过程审计,又发展到提倡绩效审计,体现了内容的完整性。[①] 建设项目审计的内容可以分为三个层次,最基本的内容是资金和工程质量,其次是投资建设项目实施中各个环节的建设管理情况,最后是投资建设项目的绩效。[②] 在"一带一路"倡议背景下,应将公共工程国家审计的重点转向融资合规、建设合规、建设绩效、建设质量等方面,并且加入对设计方案以及建设方案的审计,将审计范围拓展至设计决策阶段,从项目前期开始介入,对项目合理性进行评价,保障基础设施项目的顺利建设。[③]

有人注意到审计内容的局限性,认为受投资管理和建设管理水平的制约,目前开展的工程审计还无法实现全过程审计和绩效审计。固定资产投资审计内容侧重于微观层面,以查错防弊为主,真实性和合法性审计是重点,没有将固定资产投资审计向效益审计、全过程审计扩展的意识。由于投资领域的市场运作、建设管理尚不规范,发现和披露建设过程中的违纪违规问题仍然是投资审计的主要内容。[④]

《公共工程项目跟踪审计指南》从审计目标和建设活动过程的角度,将公共审计的内容划分为八类:政策目标和政策措施贯彻落实情况;项目基本建设程序履行情况;项目建设资金管理使用情况;项目征地拆迁情况;项目招标投标情况;项目质量安全与进度管理情况;项目生态环境保护情况;项目预算执行和投资绩效情况。[⑤]

我国审计法律规范体系和相关文件对公共工程国家审计内容的规定如表4-3-3所示。

表4-3-3 法律法规及规范性文件中公共工程国家审计内容的变化情况

序号	文件名称	审计内容
1	《国务院批转审计署关于开展审计工作几个问题的请示的通知》	基本建设单位的财务收支
2	《国务院关于审计工作的暂行规定》	1. 基本建设单位的财务收支及其经济效益; 2. 国家利用国际金融组织贷款的建设项目、联合国专门机构援建项目的财务收支

---

① 王雪荣,陈国华,申月红.政府投资项目持续跟踪审计研究评述[J].科技进步与对策,2011,28(13):90-94.
② 郝云松.对投资建设项目工程质量审计的若干思考[J].审计研究,2011(6):27.
③ 时现,洪炜."一带一路"战略对我国公共工程审计模式影响研究[J].会计之友,2017(3):111.
④ 邹明辉.固定资产投资审计存在的问题研究[J].江西建材,2015(7):265.
⑤ 审计署固定资产投资审计司编写组.公共工程项目跟踪审计指南[M].北京:中国时代经济出版社,2020:5-7.

续表

序号	文件名称	审计内容
3	《审计署办公厅关于印发基本建设和建筑业审计试行规程（草案）的通知》	1. 建设项目的确定，基本建设计划、基本建设财务收支计划（包括国家预算拨款、拨款改贷款、自筹资金、利用外资等）的执行及其结果； 2. 施工企业的财务收支、生产经营活动及其经济效益； 3. 基本建设和施工过程中发生的严重损失浪费及其他严重损害国家利益等违反财经法纪的行为
4	《审计条例》	1. 基本建设和更新改造项目的财务收支； 2. 借用国外资金、接受国际援助项目的财务收支
5	《审计署、国家计委关于开展基本建设项目开工前审计的联合通知》	1. 资金来源情况、项目开工前的各项支出情况、资金（包括应交纳的税金和应认购的债券资金）管理情况； 2. 基本建设计划，开工前的审批手续； 3. 开工、复工条件，符合国家产业政策情况
6	《固定资产投资项目开工前审计暂行办法》	1. 建设项目总投资来源情况，资金落实情况； 2. 建设项目开工前的各项审批手续、国家年度投资计划； 3. 建设规模和建设标准、项目概算； 4. 建设项目征地拆迁、三通一平工作； 5. 符合国家的产业政策情况
7	《审计法》（1994）	1. 国家建设项目预算的执行情况和决算； 2. 国际组织和外国政府援助、贷款项目的财务收支
8	《建设项目审计处理暂行规定》	1. 建设项目开工前资金来源、审批程序和手续等； 2. 建设概算、建设内容等； 3. 建设资金的管理与使用； 4. 施工单位的合同签订、履行、施工质量、工程结算等； 5. 税费、投资完成情况、基本建设收入等
9	《审计机关对国家建设项目竣工决算审计实施办法》	1. 竣工决算报表、投资及概算执行情况； 2. 建筑安装工程核算、设备投资核算等情况； 3. 交付使用资产情况，尾工工程，结余资金，建设收入的来源、分配、上缴和留成、使用情况； 4. 建设项目投资效益评审； 5. 设计、施工、监理等单位与建设项目有关的财务收支

续表

序号	文件名称	审计内容
10	《审计机关对国家建设项目预算（概算）执行情况审计实施办法》	1. 建设单位及设计、施工、监理等单位与建设项目有关的财务收支； 2. 建设单位：准备阶段资金运用情况，调整概算情况，经济合同实施情况，超概算情况，建设单位内部控制制度，建设资金来源、到位与使用情况，建设成本及其他财务收支核算，设备、材料采购及管理情况，税、费计缴情况，执行环境保护法规、政策情况； 3. 设计单位：项目设计规模和标准、设计费用； 4. 施工单位：非法转包工程、工程价款结算、缴纳税款情况
11	《审计法实施条例》（1997）	1. 国家建设项目总预算或者概算、年度预算的执行情况、项目年度决算、竣工决算； 2. 与国家建设项目直接有关的建设、设计、施工、采购等单位的财务收支
12	《建设项目审计准则》	1. 建设程序、资金来源和其他前期工作； 2. 建设资金管理与使用情况； 3. 勘察、设计、施工、监理、采购、供货等单位与国家建设项目直接有关的收费和其他财务收支事项； 4. 勘察、设计、施工、监理、采购、供货等方面招标投标和工程承发包情况； 5. 与国家建设项目有关的合同； 6. 设备、材料的采购、保管、使用； 7. 债权债务、税费、建设成本、基本建设收入、结余资金、工程结算和工程决算、交付使用资产、尾工工程、建设单位会计报表； 8. 工程质量管理、环境保护情况、投资效益
13	《政府投资项目审计管理办法》	政府投资项目预算执行情况和决算：建设资金使用和项目管理的真实和合规，评价投资效益情况
14	《审计法》（2006）	1. 政府投资和以政府投资为主的建设项目的预算执行情况和决算； 2. 国际组织和外国政府援助、贷款项目的财务收支
15	《审计法实施条例》（2010）	1. 建设项目的总预算或者概算的执行情况、年度预算的执行情况和年度决算、单项工程结算、项目竣工决算； 2. 与建设项目直接有关的设计、施工、供货等单位取得建设项目资金的真实性、合法性

续表

序号	文件名称	审计内容
16	《政府投资项目审计规定》	1. 履行基本建设程序情况； 2. 投资控制和资金管理使用情况； 3. 项目建设管理情况； 4. 有关政策措施执行和规划实施情况； 5. 工程质量情况； 6. 设备、物资和材料采购情况； 7. 土地利用和征地拆迁情况； 8. 环境保护情况； 9. 工程造价情况； 10. 投资绩效情况； 11. 项目决策程序、工程建设领域中的重大违法违规问题和经济犯罪线索、投资管理体制、机制和制度方面的问题
17	《审计法》（2021）	1. 政府投资和以政府投资为主的建设项目的预算执行情况和决算； 2. 其他关系国家利益和公共利益的重大公共工程项目的资金管理使用和建设运营情况

从表4-3-3可以看出，《审计法》(2006)及《审计法实施条例》(2010)规定政府工程审计的内容是资金的使用情况，即工程的预算执行和决算情况。2021年修正的《审计法》针对关系国家利益和公共利益的重大公共工程项目，规定审计内容除了审计资金管理使用情况，还有项目建设运营情况。

审计署的部门规章和规范性文件，对审计内容的规定则经历了较大的变化，一开始主要关注建设单位的财务收支，逐步到对财务收支内容的细化。1996年的《建设项目审计处理暂行规定》，审计内容已经突破财务收支的范围，将建设审批程序，建设内容等、合同签订、履行、施工质量等均纳入审计范围，到2010年的《政府投资项目审计规定》，列出十一个方面的审计内容，包括了工程建设全过程的活动，与当前大多数学者观点基本一致。

五、公共工程国家审计的权限

公共工程国家审计的权限是法律法规赋予国家审计的权力范围，是为了保障审计机关履行审计监督职责，由国家赋予的法定权力，审计权限的内涵有两个方面：一是审计机关自主作出一定行为的权力，二是要求被审计单位履行法定义务的权力。自新中国审计制度建立以来，法律法规对审计权限的规定并没有太大变化，我国审计机关具有以下权限：要求报送资料权、检查资料权、调查取证权、行政强制措施权、行政处理处罚权、报告和公告权、要求整改权等。

审计权限的义务人通常是被审计单位，因此审计机关权力的行使与被审计单位密切相关，由于审计部门规章和规范性文件对哪些是被审计单位的规定有较大的变化，审计权限的实施对象和内容也随之不同。例如，2006年发布的《政府投资项目审计管理办法》规定，审计机关可以审计调查与建设有关的单位，并在涉及审计处理处罚事项时补发审计通知书。因此，施工单位可以是被审计单位，审计机关有权力审计施工单位。该办法第6条规定，政府重大投资项目的合同应当列明，必须经审计机关审计后方可办理工程结算或竣工决算。又如，已经废止的《建设项目审计处理暂行规定》规定，审计机关能够对设计、施工等单位进行处理和处罚，另外还规定国家重点建设项目在竣工决算审计后方可办理竣工验收手续。当前，审计署部门规章明确规定建设单位为被审计单位，审计机关不再有处理处罚设计、施工单位等权限。关于在审计后才能办理结算或决算的问题在本书开篇的案例中已经进行讨论，在此不再赘述。

六、公共工程国家审计的方式

审计方式是审计主体开展审计工作的行为方式，可以从不同角度分类。按照审计所在地的不同，可分为就地审计、送达审计和联网审计。就地审计即现场审计，审计人员在被审计单位或者被审计工程所在地开展审计，有利于现场取证。送达审计即报送审计，由被审计单位将审计资料送达审计机关所在地进行审计，适用于资料较少，经常性的小规模审计项目。联网审计是依靠信息技术，审计机关数据系统与被审计单位的数据系统联网，通过远程方式获得审计证据，有利于提高证据采集效率和审计工作效率。

按照审计介入的时间不同，分为事前审计、事中审计、事后审计和跟踪审计，这种分类的定义已经在本书第二章叙述，此处不再赘言。公共工程国家审计的方式，在制度建立之初主要是事中和事后审计，1983年发布的《国务院批转审计署关于开展审计工作几个问题的请示的通知》规定，审计机关职权包括："参加被审计部门和单位的有关会议。对审计中发现的问题，进行调查并取得证明材料。"以参加会议的方式进行调查取证，就有机会对正在发生的问题进行纠正和处理，这是一种事中审计的方式。1989年发布的《审计署、国家计委关于开展基本建设项目开工前审计的联合通知》和1992年发布的《固定资产投资项目开工前审计暂行办法》规定的审计方式均属于事前审计的方式。1999年发布的《国务院办公厅关于加强基础设施工程质量管理的通知》要求对国家拨款的重大项目要进行专项审计和跟踪审计。2001年发布的《建设项目审计准则》提出，对财政性资金投入较大或者关系国计民生的国家建设项目，审计机关可以在其前期准备、建设实施、竣工投产的各阶段实施全过程跟踪审计。2010年发布的《政府投资项目审计规定》也提出了跟踪审计的要求，范围主要包括政府重点投资项目以及涉及公共利益和民生的城市基础设施、保障性住房、学校、医院等工程。2014年发布的《国务院关于加强审计工作的意见》提出对重大投资项目实施全过程跟踪审计。在审计方式上，体现出公共工程国家审计从事中、事后审计，发展到事前审计，再到全过程跟踪审计的特点。

审计署自2014年8月开始，组织开展国家重大政策措施情况跟踪审计，对国家重大政策措施贯彻落实的具体部署、执行进度、实际效果等进行监督检查，国家重大政策措施情况跟踪审计的对象和内容非常广泛，与国家在不同发展时期的重点工作有关，国家重大项目建设情况和基础设施建设情况一直是重点审计内容。

第四节　我国香港特别行政区公共工程审计

一、我国香港特别行政区的公共工程管理机构

近年来，我国香港特别行政区为满足本地区发展和创造就业的需要，大力投资基础设施工程建设，自2017年以来，每年的基础设施工程开支平均超过750亿元。[①] 基于历史原因，香港特区对建筑市场的监管源于英国的管理模式，在长期的实践和探索中，香港特区结合本地情况，逐渐形成独具特色的香港特区建设监管模式。根据管理主体的不同，香港特区的建设工程分为公营工程和私营工程，主要由发展局、运输与房屋局负责建设和管理。公营工程又分为公营房屋工程和公共工程，公营房屋工程由香港房屋委员会制订公共房屋计划，运输与房屋局下的房屋署执行和监督工程的规划、设计和建设，其他公共工程由发展局下的各专业部门管理，各专业部门负责工程的投资决策、组织招标、工程现场管理等工作。私营工程由发展局下的屋宇署负责管理。

我国香港特别行政区的发展局隶属财政司，主要职责有：用地规划及土地供应；土地资源的利用和土地管理制度的实施；土地注册制度的实施；建筑安全与维修；旧

---

① 香港特别行政区发展局.《施政报告附篇》中有关发展局的措施一览表［R/OL］.［2022-08-06］. https://www.devb.gov.hk/filemanager/tc/content_1294/2021_Policy_Address_Annex_Chi.pdf.

城改造；规划、管理和落实公营部门的基建发展和工程建设；饮用水供应和相关供水服务；制定和发展文物保护政策；管理绿化、园林等。发展局分不同专业设置建筑署、屋宇署、土木工程拓展署、渠务署、机电工程署、地政总署、土地注册处、规划署、水务署等九个部门。各专业部门的主要职责是：建筑署为政府拥有或资助兴建的公共设施提供监察及咨询、设施保养、公共设施发展等服务；屋宇署负责私营工程的管理和维修服务，审批工程图纸，审查建筑与施工安全等；土木工程拓展署负责土地开发及基础设施建设、海事建设工程建设、岩土工程服务、环境及可持续发展服务等；渠务署提供污水和雨水处理排放服务，包括建设防洪设施、除污净流、建设与排水相关的环境保护工程、开展与排水相关的工程技术研究等；机电工程署负责提供建筑物、电力、铁路、能源、气体、电梯等机电工程的建设和营运服务，负责机电安全及节能等的规制和管理；地政总署负责批地与土地交易、管制用地发展与合规、土地征用与拆迁补偿、管理土地与执法、土地测量和制图、土地信息管理与数据分析、建筑信息模拟数据管理等；土地注册署负责土地注册服务和资料查询服务等；规划署负责制定可持续发展策略、城市规划，就土地的用途和发展提供指引，旧区改造；水务署提供全面水资源管理，供水系统的运作及保养，饮用水安全，与供水有关的基建工程建设，按照法规执法等。

二、我国香港特别行政区审计制度

（一）我国香港特别行政区审计署机构设置

我国香港特别行政区审计署[①]是香港历史最悠久的政府部门之一，1844年英国任命了第一任派驻香港的核数总长，向英国当时的殖民地账目核数局局长汇报工作。1910年5月，英国成立了殖民地核数署，由设于伦敦的小型中央机构和设于各殖民地的分支机构组成，香港核数署是其分支机构之一。1971年12月制定的《核数条例》，规定了核数署署长的委任、任期、薪酬、职责及权力，账目审核工作的程序等内容，《核数条例》后来又经过了数次修改。

1997年中国对香港恢复行使主权，根据《中华人民共和国香港特别行政区基本法》第58条规定，香港特别行政区设立审计署，独立工作，对行政长官负责。审计署署长由特别行政区行政长官提名、建议，报请中央人民政府任免。审计署其他人员的任用，按照特别行政区有关公务员的管理办法进行。审计署目前设置六个科：机构事

---

① 1997年7月1日前称核数署。

务科、账目审计科、衡工量值审计一科至四科,后面两类科室分别负责政府账目审计和绩效审计工作。

(二) 我国香港特别行政区审计署署长的权力

根据《核数条例》的规定,审计署署长可以书面授权一切公职人员代其进行查究、审核或审计,并要求公职人员向其作出报告;可以要求任何公职人员向其作出有关问题的解释或提供相关资料;可以查阅一切部门簿册、文件或记录,取得摘录并无须付费;有权要求有关人员解释公帑[1]或政府账目、基金的收取、支出和管理情况,其他政府财产的处置情况,以及其他需要掌握的情况;向律政司司长报告工作;审计署署长及一切获得授权执行审计的公职人员或其他人员,可取得任何公职人员管理的记录、文件、现金等所有与政府财产有关的资料;审计署署长在履行职责时,不受其他人员或部门的指使或控制。

(三) 我国香港特别行政区审计业务类型

审计署的审计工作分为政府账目审计和衡工量值式审计[2]两种类型。政府账目审计的任务是审计政府和公帑或半公帑性质基金的财政及会计账项,确保其妥善和符合公认的会计标准,为政府财政及会计账项提供合理保证。衡工量值式审计的任务是审查受审核组织[3]在履行职务时所达到的经济、效率和效果,受审核组织包括政府总部任何决策局、任何政府部门、专责机构、其他公众团体、公共机构或受审核机构。受审核组织由三种方式产生:①审计署署长可根据任何有关条例所赋权力对其账目加以审核的任何人士、法人团体或其他团体;②过半数收入来自公帑的机构,但署长亦可根据资助条件中的一项协议[4]对不足半数收入来自公帑的机构进行类似审核;③为了公众利益,行政长官根据《核数条例》第15条的规定,书面授权署长对其账目及记录进行审核的机构。

(四) 我国香港特别行政区审计署与立法会的关系

政府账目委员会成立于1978年,是立法会的常设委员会,政府账目委员会按照《核数条例》第12条和《立法会议事规则》第72条的规定,对审计署署长提交的审计

---

[1] 公帑指公共资金。
[2] 香港沿用英国的"货币价值审计",在香港译为"衡工量值式审计",等同于"绩效审计"。
[3] 指被审计单位。
[4] 指为获得公帑资助,被资助单位将根据资助条件与政府签订的协议。

报告进行审议。审计署署长和政府账目委员会的工作是相辅相成的，政府账目委员会依赖审计署署长的审计结果开展公开聆讯和发表政府账目委员会报告书，而审计署署长的工作绩效需要通过政府账目委员会的结论与建议来提高，两者共同促进政府履行对立法会的财务责任。

（五）我国香港特别行政区审计工作的特点

我国香港特别行政区的审计机关具有一定的独立性。虽然香港特区审计署向行政长官负责，但其工作更多地与立法会的账目委员会发生联系，审计署署长在制订审计计划时，要接受政府账目委员会委员的建议，审计工作一定程度上受制于立法会。

审计署具有较高的权威性。审计的主要依据是《核数条例》，根据该条例，审计署署长是政府账目的审计师，享有广泛权力，可查阅政府部门的记录，也可要求任何公职人员作出解释，以及提供他认为执行职务所需的资料。在根据该条例执行职责和行使权力时，审计署署长无须听命于任何人士或机构或受其控制。

审计报告具有显著的问责特征。审计建议要落实到责任人，审计建议在文字上表述为"审计署建议某署署长应"作出哪些改进，随后是"政府的回应"，受审计的机构行政负责人要对审计建议作出明确回复，就是否同意审计机关建议作出表态，如果同一项目受审计的机构较多，也可能由政府作出整体回应。

我国香港特别行政区的审计工作透明度较高，审计署署长每年向立法会主席提交三份报告书：10月提交一份政府账目审计结果报告，4月、10月各提交一份衡工量值式审计结果报告，这些报告全部在审计署网站公开发布。

三、我国香港特别行政区审计署开展的公共工程审计

（一）公共工程审计的管理

公共工程审计属于衡工量值式审计工作的范畴，审计工作程序为：每年由审计署署长预先制定工作程序表，并根据衡工量值式审计工作准则，有计划有组织地开展审计工作。审计工作一般包括三个阶段，即策划阶段、调查阶段及报告阶段。审计工作完成后，撰写审计报告书并交给受审核组织，征询这些组织的意见。对审计报告书会有严格的质量检查程序，尽量确保内容正确、完整、公正及有建设性。

随着香港特区政府审计工作从账目审计扩大到涵盖公帑管理的衡工量值式事项，香港在1986年出台了衡工量值式审计工作准则。衡工量值式审计工作准则的内容共四个部分：第一部分是对衡工量值式审计工作的定义，衡工量值式审计工作是就政府总

部任何决策局、任何政府部门、专责机构、其他公众团体、公共机构或账目须受审核的机构在履行职务时所达到的节省程度、效率和效益进行审查。第二部分是具体的工作准则，共有八项规定，目的是对审计署署长在执行审计工作时的权利作出规定和限制，包括署长向立法会提交报告、审查政策目标执行、审议政策目标的决策和制定等各项工作中具有的权限。第三部分规定审计署署长审查被审计机构时，无权质询政策目标的利弊，除非准则另有规定，也不得质询政策目标的制定方法，不过可以质询这些方法的经济、效率及效果。第四部分指出审计署署长每年应预先制定衡工量值式审计工作程序表，审计工作应当按程序表执行。同时，按照政府账目委员会的工作程序规定，委员必须经常与审计署署长举行非正式会议，向他建议值得进行衡工量值式审计的内容。

香港特区审计署有四个科负责衡工量值式审计，其中审计四科负责审计屋宇、地政及规划、环境保护、工务[①]等事项，公共工程审计属于该部门的工作范围。香港特区的公共工程由政府作为业主与承建商签订合约，在开展审计时，与该工程有关的政府机构都是被审计单位，主要审查合约履行情况，重点关注政府机构是否严格执行合约，并对履行合约的不足之处以及与之相关的政府管理制度存在的不足提出改进建议。公共工程审计开展的方式是事后审计，提出的改进建议着重在于完善制度，以避免将来发生同类事件。

香港特区公共工程衡工量值式的目标之一是帮助政府及公营机构提升服务水平，体现出审计署工作的服务性。为实现这一目标，审计工作特别重视跟进被审计组织的整改情况。审计署署长会特别关注审计报告所提问题的改进情况，对于政府账目委员会选出进行调查的问题，审计署署长每年跟进，并向政府账目委员会告知最新的进展，政府账目委员会没有选出进行调查的问题，审计署署长会每隔半年直接要求被审计组织提交进展报告，并检查整改的最新进展情况。衡工量值式的目标之二是落实公众向政府及公共机构问责，该目标体现审计署工作的问责性。审计署的审计报告提交政府账目委员会，由于政府账目委员会是立法会的常设委员会，因而可以代表公众问责政府。

（二）香港特别行政区公共工程审计案例

2021年3月香港特别行政区审计署出具了第76号衡工量值式审计报告书，该报

[①] 工务指公共工程项目。政府列出工务计划，目的是兴建新基础设施和改善原有公有设施，具体工程范围包括道路建造工程、渠务工程、水务工程、填海工程及楼宇建造工程等。

法治视角下的公共工程国家审计研究

告包含两项公共工程审计：彩云道及佐敦谷毗邻发展计划下的土地平整及相关基础设施工程（以下简称彩云道工程）、望后石污水处理厂的改善工程和营运（以下简称望后石工程）。

1. 彩云道工程审计[*]

1997年6月—2018年7月，立法会财务委员会、财经事务及库务局局长（获财委会授权）为该项目审批20.84亿元工程拨款，截至2020年10月，政府实际用于工程的开支为20.574亿元，占审批金额的99%。工程施工共有合约3份，分别由政府与三家承建商签订，与工程咨询和管理有关的顾问合约2份，由政府与同一家顾问公司签订。施工合约履行过程中发生了合约争议并导致了索赔和反索赔，具体有：建筑垃圾的处置争议、混凝土护坡价格争议、石材数量不足与质量问题、因不可预见的地质状况导致的工程变更增加投资、工地爆破导致的人员和建筑伤害，等等。该审计项目的被审计单位分别为：运输及房屋局、土木工程拓展署，审计的主要内容是被审计单位履行合约的情况，重点是合约履行中暴露的管理问题。审计署分别就上述问题对土木工程拓展署提出了改进建议，例如，针对建筑垃圾的处置争议，建议对涉及挖掘和处理建筑垃圾的工程，要加强对建筑垃圾的管理，密切监察成效；针对混凝土护坡价格争议，建议在拟定工程合约文件时，严格按照相关指引核实合约条款，等等。

2. 望后石工程审计[**]

屯门望后石污水处理厂建于1982年，为满足屯门区的人口增长和新发展项目所带来的需求，同时改善望后石污水处理厂排放污水的水质，环境保护署在2001年提出改善望后石污水处理厂的处理量和处理水平。渠务署负责工程的设计和建造，以及建成后的营运。立法会财务委员会于2009年7月批准了望后石污水处理厂改善工程，核准工程预算为13.609亿元，又于2010年7月批准增加预算5.596亿元，总预算变更为19.205亿元。2005年6月，政府与顾问公司签订该工程的顾问合约。2010年7月，政府与承包商签订设计、建造及营运合约。工程设计和建造于2010年7月开展，于2014年5月17日大致完成。截至2020年10月，工程项目的整体开支为18.589亿元。经改善的望后石污水处理厂于2014年5月18日启用，承包商负责营运10年，渠务署有权选择将该营运期延长5年。改善的望后石污水处理厂自启用至2020年3月31日，

---

[*] 运输及房屋局，土木工程拓展署. 彩云道及佐敦谷毗邻发展计划下的土地平整及相关基础设施工程［EB/OL］.［2022-08-06］.https://www.aud.gov.hk/pdf_ca/c76ch06sum.pdf.

[**] 环境局，渠务署. 望后石污水处理厂的改善工程和营运摘要［EB/OL］.［2022-08-06］.http://www.aud.gov.hk/pdf-ca/c76cho7sum.pdf.

已向承包商支付营运费用总额约 4.12 亿元。

该审计项目的被审计单位是环境局和渠务署,审计报告主要内容有四部分:第一部分是引言,介绍工程背景和审查的内容;第二部分是望后石污水处理厂改善工程合约审计;第三部分是营运审计;第四部分是设计、建造及营运合约的管理。除引言外的每一部分内容又分三项:审计提出的问题、审计建议和政府部门对审计建议的回应。例如第二部分就提出了五个问题:混凝土保护涂层过早损蚀、紫外光消毒设施的自动清洁系统未能完全运行、应当确保设备/设施的物料符合合约规定、应当确保缺漏修正工作如期完成、应当确保设计和建造的工程结算按期完成(实际结算时间超出规定时间半年)。针对上述情况,审计署建议监察新型混凝土保护层的效能,及早完成混凝土保护涂层损蚀的调查;持续评估紫外光消毒设施的自动清洁系统的运行,探讨进一步提升效能的措施;持续评估为确保承包商遵守与设备/设施物料相关的合约规定,而在其他污水处理工程实施的额外措施的成效[①];采取措施确保工程项目的承包商如期完成缺漏修正工作,并如期完成工程结算。在审计建议的后面,渠务署署长即问题的责任人表明同意审计署的建议。

[①] 渠务署在接受审计的过程中告知审计署,为确保承办商遵守与设备/设施物料相关的合约规定,渠务署在其他污水处理厂改善工程中已实施额外措施,实际在表明其积极改进的态度。

第五章　典型国家公共工程国家审计

第一节　美国公共工程国家审计

一、美国的公共工程管理机构

美国的国家结构为联邦制，各州拥有相当广泛的自主权，美国联邦政府、州政府以及地方政府分别对各自的工程项目进行管理，管理模式不尽相同。联邦政府投资项目涉及面较广，主要包括住宅及城市规划、农业设施、水利设施、军事及国防设施、交通等方面。公共工程管理按专业类别，由住房和城市发展部、交通部、垦务局、联邦总务署等部门进行专业化管理。

联邦总务署（General Services Administration，简称 GSA）是联邦政府的主要采购机构，是公共工程管理的主要部门，联邦总务署的公共建筑服务部（Public Buildings Service，简称 PBS）为政府提供办公设施的建设、管理和保护。截至 2021 年底，公共建筑服务部在 50 个州、5 个地区和哥伦比亚特区拥有超过 8300 项自有和租赁资产，并与客户机构合作，为一百万多万联邦雇员提供办公场所。[1] 除此之外，联邦总务署还有权向州、地方、部落和地区政府提供物资采购，采购项目包括设备、技术、用品、电信、信息技术和私营部门专业服务等。住房和城市发展部的主要职责是提供住房和社区发展援助，包括提供廉租房、规划与发展社区、确保所有人享有公平和平等的住房机会、提供购房、改善和维修保险，援助租金，开展与住房相关的研究等。交通部负责交通系统的建设和管理，包括监督民用航空的安全，建设和改善国家公路系统、城市和农村道路以及桥梁，防止与商用机动车辆相关的死亡和伤害，促进铁路运输安全和环保，为全国城市和社区改进公共交通系统，发展和维护商船，减少因机动车碰撞造成的死亡、伤害和经济损失等。垦务局负责水利设施的建设与管理。

---

[1] U.S.GENERAL SERVICES ADMINISTRATION. 2021 annual performance report and 2023 performance plan [EB/OL].[2022-08-06].https://www.gsa.gov/cdnstatic/GSA_Annual_Performance_Plan_FY_2023_FINAL_508.pdf.

上述政府机构直接主持建设并管理公共工程，由于政府机构并非最终用户，容易忽视最终用户需求，导致工程适用性不足。此外，政府机构的物业经营具有垄断性，也可能带来不合理的垄断定价。为此，美国公共工程的建设管理采取了以下措施：①引入价格竞争机制。赋予项目使用部门选择权，即项目使用部门可以将政府机构对产品和服务的定价与市场价相比较，当前者高于后者时，项目使用部门有权选择市场供应的产品和服务。②收支两条线。资金来源受公共建设基金管理制度的制约，所有支出受到国会监督，因此，政府机构的各种投资建设活动不能任意提高定价以谋取部门利益。③全过程公开透明。政府各种活动的定价，例如租务、物业服务等的价格，均向社会公开，项目使用部门可以将其与市场定价进行比较，迫使政府定价与市场价格保持相对一致，避免产生垄断利润。

二、美国国家审计机构及其与其他机构的关系

（一）美国政府问责署的机构设置

美国政府问责署（Government Accountability Office，简称 GAO）[①]是美国国会的下属机构，是行政部门以外的一个独立无党派机构，只对国会负责并报告工作，通常被称为"国会监督机构"（Congressional Watchdog）。美国政府问责署的职责是审查政府如何管理和使用公共资金，根据审查结果向国会和联邦机构提供客观、无党派、基于事实的信息，以支持国会履行其宪法职责，帮助政府节约资金和提升工作效率，落实政府问责制。

根据 1921 年的《预算和会计法》，美国联邦政府成立了预算局负责联邦预算编制，同时成立审计署负责调查与公共资金使用有关的所有事项，报告调查结果并推荐提高政府支出经济性和效率的方法，审计署的工作还包括制定审计标准和指南。1972 年，审计署制定了第一份国家审计准则——《政府组织、项目、行为和职能审计准则》（后更名为《政府审计准则》[②]），并对之数次修订。美国联邦、州和市三级没有行政隶属关系，实行地方自治，各地审计体制也不尽相同，但采用统一的国家审计准则。该准则将国家审计分为财务审计和绩效审计，并对财务审计、绩效审计分别作了界定，规定了各自的审计内容、现场作业准则和审计报告准则。1981 年以来，审计署的工作重点由财务审计转移到绩效审计，审计署于 2004 年更名为政府问责署。

美国政府问责署内设机构有业务办公室、行政办公室、财务和运营办公室、顾问

---

① 2004 年之前称为审计署，也有人译为会计总署。
② 美国的《政府审计准则》中的"政府"是被审计对象，而非审计主体。

办公室、监察长办公室、人力资源办公室、政策和质量保证办公室、信息系统和技术服务部门等。其中业务办公室有任务团队15个，由分析师、财务审计师和专家组成，负责不同专业领域的审计事项，分别为：承包和国家安全采购；防御能力与管理；教育、劳动力和收入保障；财务管理和保证；金融市场和社区投资；法证审计和调查服务；卫生保健；国土安全与司法；信息技术和网络安全；国际事务与贸易；自然资源与环境；基础设施；战略问题；科学、技术评估和分析；应用研究与方法等。

美国国家审计主要依据有《预算和会计法》《政府公司控制法》《立法机关改组法》《预算和审计程序法》《政府审计准则》等。《预算和会计法》自1921年颁布以后，经过数次修订。1945年国会通过的《政府公司控制法》要求审计署聘请职业审计师，运用民间审计技术，对政府公营公司进行年度审计，使美国国家审计的重点从财务合法性审计过渡到绩效审计。1945年通过的《立法机关改组法》明确审计署是立法部门的一部分，不承担行政事务性工作。1950年国会通过的《预算和审计程序法》赋予审计长制定行政部门应当遵守的会计原则、标准和有关要求的权力，审计长对政府机构的会计程序和控制进行审查，实现审计工作重点从详细审计到内部控制审计的转变。《政府审计准则》自1972年制定以来经过了数次修订，其内容和可操作性方面得到了完善。

（二）美国政府问责署的审计程序

美国政府问责署遵照以下程序开展审计工作：①提出审计需求。审计需求必须来自国会委员会、小组委员会或国会议员。②组建审计团队。政府问责署接受审计需求后组建审计团队，所需时间取决于工作人员的可用性。③制定审计方案。审计团队与专家、利益相关者和管理层商议并设计审计方案，该过程通常需要3个月。④审计过程监督。在审计过程中，国会审计需求者可以通过政府问责署网站随时查看审计工作进展情况以及初步调查结果。⑤征求审计意见。审计报告草稿发送给被审计机构征求意见，同时副本发送给国会审计需求者。⑥出具正式审计报告。政府问责署在收到被审计机构反馈意见后，通常需要14日左右出具正式报告。⑦公开审计报告。政府问责署联系国会审计需求者确认公开报告的日期，国会审计需求者有权限制报告公布的时间最多为30日，因此出具正式报告后最长30日后将公布审计报告。得到立法授权的审计报告在提交国会后就立即公开，所有非机密的审计报告都在政府问责署网站上免费向公众开放。

(三）美国政府问责署的权限

美国政府问责署的审计权限有：①获取资料、检查权、调查权。政府问责署有权检查政府部门和有关机构的各种资料和信息；有权派出审计人员到被审计单位实地检查、核对信息；有权向政府部门和公共机构的相关人员调查情况，被调查者不得拒绝，必要时还可采用质询、侦查等手段。②建议权。政府问责署有权对被审计的政府部门和机构提出审计建议，这种建议无法律约束力，但国会拨款委员会可能对不接受审计建议的被审计单位停止拨款。③移送权。政府问责署不享有直接处理处罚的权力，但可以将被审计单位移送到有权机关处理。④报告和公告权。政府问责署有权向国会提交审计报告，有权向公众公布除涉及国家机密以外的所有审计报告。

(四）美国政府问责署与国会的关系

美国政府问责署与国会同属宪法机构，两者关系十分密切。政府问责署隶属于国会并向其报告工作，除向国会提交审计报告以外，还需要在国会听证会上作证，对国会将要讨论通过的法律提出意见以及派专人到国会有关专门委员会参与特别调查。政府问责署每年除完成法定审计任务以外，还接受国会委员会、小组委员会或国会议员的审计请求，实施专项审计或政策评估，向国会报告审计结果、评估结论、审计意见和立法建议。政府问责署的行政办公室有专人负责国会关系事务，保持与国会密切联系，处理与国会的关系，使政府问责署能够及时了解国会关注的问题，迅速承接国会提出的审计事项。

(五）美国政府问责署与地方审计机关的关系

美国各州拥有较大的权力，各州议会所属的审计长办公室或审计局分别负责对各州政府的财政和绩效进行审计。政府问责署与地方审计机关之间相互独立，没有领导和被领导的关系，但地方审计机关要执行联邦政府问责署制定的审计准则，并接受业务上的指导。

为监督联邦政府转移支付的管理和使用情况，政府问责署有权审计年度获得联邦财政30万美元以上，或获得多项联邦财政支持的地方政府和机构。根据1984年颁布的《反重复审计法》，各州审计机关可以对使用联邦资金的项目进行审计，但需要遵守联邦审计准则，并接受政府问责署的监督和指导。

另外，美国各州的审计体制也存在差异，例如，纽约州审计长是由选民选举产生的，直接对选民负责，地位与市长、市议会议长平级；华盛顿特区的审计办公室属于特区国会，对特区国会负责并报告工作。

（六）美国政府问责署与内部审计的关系

在美国审计监督体系中，除了政府问责署，内部审计机构也是非常重要的审计监督机构。根据1978年通过的《监察长法案》，美国在联邦政府主要部门设立内部审计机构，称为监察长办公室，监督所在部门的日常运行管理，揭露和预防舞弊。政府问责署与监察长办公室相互独立、职能明确，分别从外部和内部对政府各机构实施监督，两者没有领导与被领导的关系，但业务上联邦问责署依法指导、检查和评价监察长办公室的工作，监察长办公室执行联邦政府问责署制定的审计准则。政府问责署内部也设有监察长办公室，监督审计署的工作，提升问责署工作的经济、效率和效果。

三、美国政府问责署开展的公共工程审计

（一）美国公共工程绩效审计

美国公共工程审计属于绩效审计的范围，美国绩效审计是对组织运营进行独立评估，以确定特定计划或任务是否实现预期目标。由于大多数政府机构都接受联邦资助，因而绩效审计通常与各级政府机构有关。绩效审计完成后，审计结果将提交给特定组织或计划的管理层，目的是让他们使用调查结果来实施改进，从而帮助他们实现既定目标。通常情况下，进行后续绩效审计是为了评估管理层是否执行了审计建议，以及执行审计建议后是否有改进。

美国审计机关监督的对象是政府公共工程建设管理机构，一般不针对公共工程项目进行审计，但项目建设过程中发生重大失误、缺陷或民众反映强烈的营私舞弊现象以及得到举报材料时，在国会要求下，审计机关会对其开展审计，但关注的仍然是负有建设管理责任的政府机构的履职行为。对特大型项目，审计机关依照授权可以直接进行审计，审计的重点是前期项目决策程序。在项目批准立项前，对公共工程项目决策（项目可行性）及财政预算投资（概算总成本）进行审计，审计机关审查项目决策程序，分析项目风险和审查财政预算投资额，审计结果上报国会或州议会，作为列入美国联邦或州政府财政预算的依据。审计机关还负责监督检查政府建设管理部门的内部审计工作，若发现存在明显缺陷或重大风险，则根据实际情况对建设项目采取直接审计。

绩效审计的根本目的服务于问责制，通过绩效审计促使政府机构严格遵守工作准则，根据依法获得的授权履行职责。美国2021年修订的《政府审计准则》增加了问责内容，在政府履行公共职能和提供服务的经济、效率、效果和道德的基础上增加了公平的要求。

（二）美国公共工程审计案例

1. 社区灾后重建基金审计*

2022年1月，政府问责署公开了一份对社区灾后重建基金（以下简称重建基金）的审计报告。由于飓风等大规模灾害造成灾难性破坏，为帮助弱势群体从灾害中恢复，自1993年起，美国国会通过重建基金提供了900多亿美元的补充拨款，以帮助受灾地区恢复重建，重建基金由住房和城市发展部（Department of Housing and Urban Development，以下简称住发部）负责管理。随后，住发部要求基金受托人提交行动计划方案，说明将如何使用重建资金帮助受灾人群和弱势群体，如少数族裔、老年人或残疾人，住发部将提供相应的服务策略，以协助受托人为这些人群服务，如为英语水平有限的人提供帮助。基金受托人通常被要求将70%的资金用于中低收入人群。

住发部官员在审计访谈中指出，在审查受托人行动计划方案时，住发部关注的重点是：如何定义弱势群体，基金将如何帮助他们，受托人将如何接触过去经常被忽视的人群。弱势群体可能难以定义，因为他们可能因时间、地理位置、现有住房数量和政策等因素的影响有所不同，住发部计划在即将发布的联邦公报通知中明确"如何定义弱势群体"。

政府问责署在审查基金受托人是如何帮助弱势群体时，发现住发部并未收集、分析和全面评估需要受助的人口统计数据，住发部仅要求基金受托人收集实际受益人的数据（种族、性别等），但并没有要求提供所有申请人的数据。政府问责署审查了六名受托人，这些人收集了申请人和受益人的额外人口统计信息，包括年龄、残疾状况和主要语言等。

2021年美国政府的一项行政命令指出，为了促进公平，需要更好的数据和透明度来帮助弱势群体，并指出缺乏数据会阻碍衡量和促进公平的努力。通过收集、分析和公开报告这些额外的人口统计数据，住发部和受托人可以更好地评估自身的工作是否真正有效地接触到符合重建基金求助条件的人群。

政府问责署采访了受托人和代表弱势群体的组织，并开展了审查研究，结果表明：弱势群体在获得重建基金援助时可能会遇到一些困难，包括语言障碍（英语水平有限的个人可能需要翻译服务）、交通不便（未能前往援助中心）和不能满足计划要求的条件（个人可能无法制作或完成所需的文件）。一些受托人表示，他们通过获得翻译服务

---

* U.S.GOVERNMENT ACCOUNTABILITY OFFICE. Disaster recovery: better data are needed to ensure HUD block grant funds reach vulnerable populations [EB/OL]. [2022-08-06].https://www.gao.gov/products/gao-22-104452.

和为弱势群体制订扩展计划来应对这些挑战。

政府问责署的审计报告讨论了以下事项：①住发部帮助弱势群体的方法；②基金受托人帮助弱势群体的行动；③基金受托人和弱势群体在实施和使用重建基金时面临的挑战。为了完成审计工作，政府问责署审查了住发部和六名基金受托人（2017年四个最大的重建基金受托人，包括佛罗里达州、波多黎各自治邦、得克萨斯州和美属维尔京群岛，以及正在实施基金计划的路易斯安那州和新泽西州）的文件。政府问责署还采访了住发部官员、基金受托人和代表弱势群体的组织。

政府问责署提出的审计结论是：建议住发部收集、分析和发布来自重建基金受托人的关于申请和接受援助的弱势群体的人口统计数据。住发部不同意该项建议，但确定了可能用到的收集数据的方法，以评估如何为弱势群体提供服务以及应对相关挑战。政府问责署仍然认为该建议将有助于评估基金使用的效果。

2. 联邦总务署费用说明书流程审计[*]

联邦总务署每年花费数十亿美元来维护联邦大楼和租赁办公室，对重大租赁和维修，需要通过"费用说明书"流程以获得国会的批准。联邦总务署发现这一流程存在问题，例如，审批时间长达数月，以及拨付的资金不足。这些问题使完成维护和维修工作变得困难。然而，联邦总务署既没有全面评估这一流程，也没有向国会表达对这些问题的担忧。

1959年发布的《公共建筑法》（已修订）要求，当投资项目和租赁方案的估算成本超过一定数额时，联邦总务署应当向两个国会授权委员会提交申请，即费用说明书，联邦总务署要获得这些委员会的批准才能获得拨款。根据联邦总务署指南，联邦总务署的11个区域办事处制定了项目费用说明书的格式。在联邦总务署将费用说明书提交给授权委员会之前，联邦总务署的中央办公室和管理与预算办公室要先审查费用说明书。

费用说明书制定和批准的步骤需要较长时间，在2014—2020年，联邦总务署向授权委员会提交租赁项目的费用说明书平均需要1年时间，提交投资项目的费用说明书平均需要9个月。委员会批准租赁项目平均需要8个月，批准投资项目平均需要14个月。所需时间还受拨款流程的影响，因为联邦总务署还需要等待总统预算提交给国会，然后再向委员会提交投资项目费用说明书。在政府问责署审查的7个财政年度中，有

---

[*] U.S.GOVERNMENT ACCOUNTABILITY OFFICE. Federal real property：GSA should fully assess its prospectus process and communicate results to its authorizing committees［EB/OL］.［2022-08-06］.https://www.gao.gov/products/gao-22-104639.

4个财政年度的预算在2月之后提交，此外委员会通常在年度预算颁布之后批准费用。

联邦总务署对费用说明书流程的某些方面进行了评估，例如，评估了租赁流程，发现需要提前向委员会提交费用说明书，以减少因等待委员会的批准而导致的租约延期。然而，联邦总务署尚未完成对费用说明书流程的全面评估，包括投资项目流程。联邦总务署官员表示，费用说明书门槛、延迟批准和资金不足等挑战导致联邦总务署在管理物业等方面面临困难，如解决维修和维护积压问题。虽然联邦总务署已确定需要采取立法行动改变现状，但尚未将其担忧或改变的意图传达给授权委员会。

政府问责署被要求审查联邦总务署的费用说明书流程，要完成以下工作：①描述联邦总务署制定和获得费用说明书批准的流程；②确定费用说明书审核和批准的平均时限；③检查联邦总务署在多大程度上评估了费用说明书流程，以识别和应对可能影响联邦总务署对联邦资产管理的挑战。为完成本项工作，政府问责署审查了相关的法规和规章以及联邦总务署的文件等；分析了2014—2020年的费用说明书数据；并采访了联邦总务署与预算和管理署官员。

在审计项目报告的最后，政府问责署建议：①联邦总务署全面评估租赁和投资项目的费用说明书流程，包括识别、分析和应对与流程相关的风险，并对流程进行改进；②联邦总务署与授权委员会沟通评估结果，包括可能需要立法行动实施的变更。联邦总务署同意这些建议，并表示正在制订解决这些问题的计划。

第二节　德国公共工程国家审计

一、德国的公共工程管理机构

建筑业是德国国内经济的重要产业之一，德国目前大约35%的最终能源消耗来自建筑部门，指导工程建设、保护地区气候和解决能源效率问题是德国住房和建筑政策的重要任务。

德国联邦住房、城市发展和建设部（以下简称住建部）于2021年12月8日与新一届政府一起成立。新政府将原联邦部的部分职责划归住建部，包括建筑业、联邦建筑、城市发展、住房、空间规划、区域政策和国家规划等板块。住建部负责管理除交通运输工程以外各类工程建设，对地方建设工作进行指导，作为一个专业性机构保证国家投资建设任务在符合公共利益的前提下合乎规范地完成。住建部下设备专业工程建设局,对联邦政府投资项目进行直接管理。各州、市、县均设有地方建设局,负责地方政府投资项目和民间投资项目的建设管理工作。政府投资项目的招标投标除一些特殊工程外,必须采取公开招标的方式选择承包商。

德国联邦交通和数字基础设施部负责道路运输数字化、道路交建设通等方面的行政管理工作,主要职能一是对全国的有关铁路、公路、水路进行建造、保养、维护和管理,二是对政府投资项目的建设提供技术服务,如项目的可行性论证。

德国政府投资项目的基本管理模式是设立专门的机构对项目进行全过程管理,该机构实际上是代替政府行使业主的职能,负责项目整个实施过程的管理。德国对政府投资项目的管理主要包括四方面的内容:一是确定项目投资决策评价的指标及其评价标准;二是履行严格的决策审批程序;三是实施严格的建设过程监管,如对公开招标过程的监管;四是严格的预算管理。

二、德国国家审计机构及其与其他机构的关系

(一)德国联邦审计院的机构设置

德国联邦审计院具有悠久的历史,其前身可以追溯到1714年设立的总会计署。联邦审计院属于联邦最高权力机关,与立法、司法和行政机构都没有隶属关系,只对法律负责。《德国联邦共和国基本法》明确了审计院的地位、组织结构、成员的独立性、人员任命及决策程序和基本职能,《德国联邦预算法》《联邦和州预算原则法》等法律则规定了审计的组织方式、目标、标准和程序等内容,联邦审计院发布的《审计指南》制定了统一的审计标准和程序。

联邦审计院负责对联邦财政管理和收支情况进行财务审计、正规性审计、合规性审计和绩效审计,对政府行为的经济、效率和效果展开调查。审计方案力求得出有助于加强今后行动的审计结论,而不仅仅是批评过去的缺点和不足。财务审计的实质性部分是确认联邦年度决算;正规性审计和合规性审计主要审查适用的法律、预算、相关条例、规定和规则是否得到了遵守;绩效审计根据经济、效率和效果标准开展。审计特别关注公共部门管理的有效性以及容易出现欺诈的活动,可以在项目进行过程中介入,所以能够帮助被审计单位及早解决缺陷问题。审计报告提出改进建议后,审计机关将跟进审计建议采纳情况。联邦审计院还具有咨询职能,会积极主动地向政府机构提供建议,以提高公共部门问责制的落实、公共部门治理质量和公共部门的绩效。审计内容涵盖联邦及各州所有的财政管理活动,主要有:①联邦财务管理;②联邦贸易基金;③根据联邦法律组建的公共机构;④依据联邦法律或州法律成立的社会保障

机构，如健康保险机构和养老金机构；⑤联邦政府在私有企业中持有的股权。

德国联邦审计院由10个部门组成，包括9个审计局并下设49个审计处，负责联邦项目审计，1个支持部门负责内部行政管理。此外，还有一个负责国际审计项目的机构。审计工作根据年度任务安排分配到各个审计局。除此之外，在出现紧急和重要的审计任务时，还可以由不同审计局的专家组成临时审计小组。审计专业人员资质涉及公共管理、法律、经济学、工商管理以及各类工程和计算机科学专业。

（二）德国联邦审计院的决策流程

联邦审计院的决策采用合议制，除极少数具有保密要求的事项由院长单独决策外，所有事项由多个成员遵照法律和工作守则共同决策。具体流程为：由2~3人组成合议小组作出审计决定，如果不能达成一致意见，则交由决策会决策，决策会成员有审计局处长、审计处股长，院长或副院长在主管范围内也可加入决策会，如果还不能作出有效决策，则通过大决策会进行决策。大决策会是联邦审计院的最高决策机构，作出的决策是最终决策，对决策会和合议小组均有约束力，大决策会通常由院长、副院长、多名处长和股长以及报告人组成，报告人由需要决策的具体审计事项所在审计处的股长担任。

（三）德国联邦审计院的权限

德国联邦审计院具有以下权限：①获取资料、检查、调查权。联邦审计院有权要求被审计单位在规定时间内向联邦审计院提交所需的信息资料，并回答联邦审计院提出的问题。②建议权。联邦审计院有权参加联邦预算编制和审议，联邦政府预算提交财政部的同时应提交给联邦审计院，后者有权对政府预算草案提出建议，审计政府年度决算和财务报告并提出审计意见。③移送权。联邦审计院不具有直接处理处罚权，对审计中发现的违法行为，联邦审计院有权移送司法机关。④报告、公告权。联邦审计院每年都向议会两院及联邦政府提交一份审计年度报告，并针对重大问题随时提交专项审计报告，有权召开新闻发布会，向社会公布年度审计报告的重点内容，在联邦审计院网站或公开刊物上公布审计报告。

（四）德国联邦审计院与立法机关、司法机关、政府的关系

德国联邦审计院独立于立法机关、司法机关、政府，但审计院需要向立法机关报告审计结果，提供有关公共资金管理和使用的建议。审计院具有同法官一样的独立性，但并不具有处理处罚权，审计报告无法律效力，在发现违法行为时，审计院要向司法

机关移交有关人员。政府作为审计院的被监督对象，审计院应当向其提交审计报告，审计院所需经费由财政部门拨付。

（五）德国联邦审计院与地方审计机关的关系

德国各州财政实行独立预算，各州审计院也由地方自主设立，与德国联邦审计院无隶属关系。对联邦和州共同出资的项目，以共同审计或相互委托审计的方式进行监督，通告审计结果并交流审计信息。联邦审计院与州审计院院长会进行定期交流。

三、德国联邦审计院开展的公共工程审计

（一）德国公共工程审计机构

联邦审计院的审计二局和五局负责有关公共工程的审计工作。审计二局负责建设、环保、房地产、外交方面的审计事项，下设五个审计处：审计一处负责审计环境、自然环境保护、建设以及核安全部；审计二处负责审计外交、国际组织机构；审计三处负责审计经济合作与发展；审计四处负责审计房屋建筑；审计五处负责审计联邦不动产管理。审计五局负责审计军队、地方的交通运输工程和基础设施工程，下设五个审计处：审计一处负责审计数字化与交通运输；审计二处负责审计铁路基础设施；审计三处、四处负责审计道路基础设施；审计五处负责审计基础设施方案、性能研究、公共合同授予规则。

（二）德国公共工程审计案例

1. 联邦交通和数字基础设施部某主干道项目[*]

联邦审计院 2021 年 4 月公布的年度审计报告显示，联邦交通和数字基础设施部在没有充分的经济可行性研究的情况下，对新的联邦主干道建设项目作出重大决定，计划耗资 280 万欧元建造一条隧道，审计结论是：联邦交通和数字基础设施部再次违反了基本财务管理规定。

联邦交通和数字基础设施部计划在某镇附近，修建一条主干道，工程将穿过一条铁路线和一条地方公路，为此设计了一个槽形地下通道的建设方案，该方案被后来提议的隧道工程取代。联邦交通和数字基础设施部修改设计方案的决定，并非基于合理

---

[*] BUNDESMINISTERIUM FÜR VERKEHR UND DIGITALE INFRASTRUKTUR (BMVI) (EINZELPLAN 12). 26 Bund plant Tunnel für 28,8 Mio. Euro ohne ordnungsgemäße Wirtschaftlichkeitsuntersuchung (Kapitel 1201) [R].Der Bundesrechnungshof.

的经济可行性研究的结果,因此违反了财务管理原则。

最高审计机关发现,这种违规情况并非个案,审计机关已经发现道路工程缺乏经济可行性研究或其他重大缺陷的多个案例,在联邦交通和数字基础设施部的职权范围内,缺乏足够的数据却进行决策是常态,审计机关敦促联邦交通和数字基础设施部进行适当的经济可行性研究,作为建设和扩建联邦干线的决策基础。

2.联邦交通和数字基础设施部某高速公路路口项目[*]

联邦审计院的另一则关于公共工程审计的内容显示,联邦交通和数字基础设施部在规划高速公路路口时忽略了经济性原则和交通安全。

下萨克森州道路建设管理局正计划在某镇附近的高速公路上建造一个路口,将高速公路与一个新的工业园区连接起来。新通道距离已经投入使用的希尔德斯海姆—德里斯彭斯泰特(Hildesheim-Drispenstedt)路口的交界处仅1.9公里。两个路口之间如此短的距离不仅阻碍了交通,而且最重要的是,建设方案可以有另一种选择,即升级现有的交叉路口以应对未来的交通压力。然而,联邦交通和数字基础设施部却在该项目的经济性尚未得到证实的情况下,支持新路口建设规划。审计机关建议联邦交通和数字基础设施部应进行经济可行性研究,比较两种选择方案,并在这项工作中研究对交通安全的影响。

第三节 法国公共工程国家审计

一、法国的公共工程管理机构

法国政府在2020年9月提出了经济复苏计划,将实施1000亿欧元公共投资,恢复因新型冠状病毒感染疫情给经济带来的冲击,主要用于生态、竞争力和凝聚力建设这三个方面。生态建设方面实施建筑物和住房改造计划、工业脱碳援助、生态建设、鼓励购买清洁车辆,实现环境目标,开展绿色技术的研究和创新。竞争力建设方面鼓励生产系统的现代化,大量投资于绿色和数字技术,保持公司竞争力。凝聚力建设方面将通过就业、支持和职业培训措施,实现人与人之间的团结,特别是与年轻人之间的团结。

---

[*] BUNDESMINISTERIUM FÜR VERKEHR UND DIGITALE INFRASTRUKTUR (BMVI) (EINZELPLAN 12). 27 Bund ignoriert Wirtschaftlichkeit und Verkehrssicherheit bei der Planung einer Autobahnanschlussstelle (Kapitel 1201)[R]. Der Bundesrechnungshof.

法治视角下的公共工程国家审计研究

法国是市场经济较为发达的国家,公共工程的建设主要依靠市场进行管理,铁路、公路、机场、港口、桥梁、电厂、煤气、隧道等大型基础设施建设项目采用"建设—经营—移交"(build-operate-transfer,简称BOT)的项目融资建设方式,即政府将工程交由私营项目公司融资和建造,并许可项目公司在工程建成后的一定时期内拥有所有权和经营权。许可的经营期结束后,项目公司将所有权和全部工程设施移交给作为最终业主的政府部门或其下属机构。住宅工程的建设方面,政府每年拨出巨资用于住宅建设,但政府并不直接建造和管理住宅,而是通过住宅补贴的形式,鼓励专业开发公司建房,然后由他们出售或出租这些住宅。法国还建有半官半民的住宅管理机构,实行低廉租金住房制度。对工程质量的控制,政府主要运用法律和经济手段而不是通过直接检查来促使建筑企业提高产品的质量,质量检查由独立的质量检查公司来完成。

法国政府工程管理职能分散在不同的部门,根据工程类别的不同,分别由经济、财政和复苏部,海外领土部等机构负责。经济、财政和复苏部负责公共采购的监管、分析和控制,公共预算和会计管理等工作。海外领土部负责协调政府在宪法规定的管辖社区中的建设活动,参与制定和实施适用于这些社区的规则,其下的规划、住房和自然总局,基础设施、运输和海洋总局,行政和公共服务局分别负责部门职责范围内的公共工程的建设。

二、法国国家审计机构及其与其他机构的关系

(一)法国审计法院的机构设置

法国根据宪法的规定设立审计法院,其前身可以追溯到中世纪的巴黎审计法庭。审计法院是审计公共资金使用情况的最高机构,独立于政府和议会,属于司法序列中的经济法庭或特别法庭,具有财务管辖权,负责审计国家财政和社会保障资金,发布裁决,并且评估公共政策。法国《审计法院法》对审计法院的组织结构、职权范围均有明确规定。审计法院具有审计和司法两种职能,职责是协助议会监督政府活动,协助议会和政府监督《财政法》及《社会保障资金法》的实施情况,并对公共政策进行评估。审计法院审计监督以下组织和机构的公共账目和经营活动:①各级政府机关、政府各部门下属的公共机构;②接受财政拨款的企业或机构;③享受附加税、捐助、补贴或其他财政资助的机构;④社会保障机构。

法国审计法院开展的审计业务类型分为四类:①财务报表审计。评估公共会计人员的账目,检查收入和支出是否正确。②合规和绩效审计。审核公共资金,确保公共资金的合规、效率和效果。合规指资金管理行为与法律法规保持一致;效率指资金活动要

尽可能好地使用资源；效果指使用公共资金获得的结果符合规定的目标。③公共政策评估。审计法院为公共政策以及特定机构全面实施控制，当这些政策在全国和地方实施时，审计法院将与区域和地方审计法院开展联合调查。④鉴证业务。鉴证的最终目标是向公众提供更清晰、更易于理解的财务和会计信息，以及使政府和社会保障机构的财务状况更透明。

审计法院首席院长、下属各法庭庭长和高级法官全部由内阁会议提名，总统任命，享有终身制，具有法官身份的官员拥有审查、调查、追究、处罚和判决权，可以审查并追究当事人的财务责任，并进行判决。除法官以外，审计法院中聘用的审计师和助理人员，以及一些行政管理人员，都不具有司法权，不能参加司法判决。审计法院里设有7个法庭，负责不同的业务，并设有一个总检察长办公室。1982年后，审计法院还建立了大区及地方审计法庭。

（二）法国审计法院的审计程序

审计法院的审计程序包括：①通知被审计单位。审计法院院长签署"开始审计通知书"给被审计部门或机构的直接负责人，内容包括审计的范围、审计小组成员的姓名以及审计计划时间表。②审前会议。审计组成员会见被审计单位负责人，告知审计的主题和程序以及应当如何配合审计工作。③审阅文件和现场调查。审计人员拥有非常广泛的调查权，可以审阅会计资料和管理文件、开展问卷调查、现场调查。形成"调查报告"提交法院检察官办公室。④调查结束会议。审计小组成员向被审计单位的管理人员介绍审计观察结果。⑤集体初议。调查报告在开庭期间提交。审计法院院长提出检察官办公室的审核结果，审计组分享审计建议，合议机构作出处理决定。⑥形成审计意见草案。由审计法院院长发送给被审计单位的负责人。某些情况下，如果不需要审计意见草案，审计法院会在第一次审议中直接形成最终的判决。⑦听证会。审计法院可以决定为被审计单位负责人举行听证会，并告之需要其进一步解释的问题。⑧第二次集体审议。第二次集体审议（如有必要，之后可以进行一次或多次进一步的集体审议）以与第一次相同的方式进行。⑨审计结果公告。审计法院通过媒体、网站等以报告的形式发布公告。

（三）法国审计法院的权限

法国审计法院具有以下权力：①自行制订审计计划权。审计法院每年自行制订审计计划，确定审计事项，具有高度的独立性。②获取资料、检查权、调查权。法国审计法院有权获取被审计单位的各种信息资料，还有权向其他监管部门索要对被审计单位的审查报告,向有关人员开展审计调查,相关人员不得拒绝。③司法判决权。审计法院的司法判决有终审效力,有权直接对违反财经法规、制度的人和事进行处理、处罚。④报告、公告权。审计法院每年提交年度审计报告给总统和议会两院议长,并在官方公报上公布报告。

(四)法国审计法院与地方审计法院的关系

法国各省都成立了地方审计法院,负责对各省政府及其他公共机构进行审计。地方审计法院独立于国家审计法院,但两者关系密切。地方审计法院院长一般由国家审计法院的高级或中级法官担任,地方审计法院的判决可以上诉到国家审计法院,地方审计法院的审计报告的部分内容也会写入国家审计法院的年度审计报告。

三、法国审计法院开展的公共工程审计

(一)法国公共工程审计的类型

法国公共工程审计属于合规和绩效审计、公共政策评估的范畴,主要对公共工程建设的合规、经济、效率、效果、公平等进行评价,此外,对包括法律在内的公共工程政策进行评估,为国家法律政策制定提供建议。

(二)法国公共工程审计案例

1. 飓风"厄玛"过后的灾后重建审计*

2021年7月,法国审计法院发布了飓风"厄玛"过后的灾后重建工程的审计报告。2017年,三场异常猛烈的飓风袭击了瓜德罗普岛西北250千米处的法属圣马丁岛和圣巴泰勒米岛。其中最具破坏性的是飓风"厄玛",对两个地区都造成了相当大的破坏。在应急管理之后,为了两个岛上5万名居民的利益,政府开始了重建恢复工作,逐步重建网络、组织灾民护理和重新开放学校。法国总统在2017年10月宣布,重建工作应该是可持续和示范性的。2018年3月,在部际会议上,国家财政援助预算超过5亿欧元。这些资金2/3用于重建,另有一部分款项属于国家多年投资计划的一部分,用于资助2020年与圣马丁岛内社区①签署的融合和转型合同。如果审计法院建议海外事务部对重建圣马丁岛的公共资金进行准确和定期的跟踪,则只有在该计划完全实施

---

* COUR DES COMPTES. The reconstruction of St. Martin and St. Barthélemy after the passage of Hurricane Irma [R].Thematic public report.

① 社区指同一区域生活的人组成的群众组织,是非政府性的,多为居民自发性组织。

后，才能准确计算出国家对重建的财政支持数额。

在重建方法和国家干预程度方面，由于两个岛屿有不同的特点，重建方法和国家干预程度都不相同。虽然两个岛屿在税收等方面都享有广泛的自治权，但圣马丁岛在2007年立法改革后形成的机构尚未完全建立，青年社区的专业知识和管理能力仍然不足，其经济发展水平仍然低于圣巴泰勒米岛，为此不能提供同样程度的干预。此外，圣马丁岛在灾难中遭受的损失也比邻近岛屿大得多。在圣巴泰勒米岛，危险栖息地的比例较低，加之在危险地区实施了更严格的建筑标准，因此飓风造成破坏比较轻微，圣巴泰勒米岛的重建工作由社区承担，国家仅对财政支持的连续性承担责任。相比而言，圣马丁岛内社区无论在资金方面，还是在加强工程管理的人力资源方面都得到了国家的大力支持，这种支持在2017年11月6日和21日达成的两项协议中正式确定。鉴于圣马丁岛内社区行政和技术组织的脆弱性以及将要开展的行动的复杂性，从经验来看，由国家直接管理重建工作是合理的。然而，圣马丁岛内社区并不希望最近成立的共同体被剥夺权限。

圣巴泰勒米岛的重建工作几近完成，岛内社区从以前的气候事件中吸取了经验教训，利用现有的技术服务，在没有大量外部支持的情况下，迅速恢复了日常生活和公共服务的连续性。重建被毁遗迹的工作现已取得很大进展，岛内社区汲取了"厄玛"经验，努力对建筑物和设备作出调整。

圣马丁岛未完成的重建面临重大挑战。尽管岛内社区在2018年通过了一项金额达2.3亿欧元的发展计划，但圣马丁岛被毁建筑的修复工作仍然非常不全面，除所有正在更新建设的学校以外，只有不到一半的现存建筑和设备正在重建。调整和加强服务的工作正在进行，但远未完成。该社区的管理基础薄弱，导致它只能从欧洲联盟团结基金（EUSF）分配的4600万欧元中获得2500万欧元，并不得不依赖于一个失败的社区管理系统。该岛与荷属圣马丁岛的分治使法国地方当局的任务更加复杂，需要更密切的合作来促进共同发展。

要完成圣马丁岛的重建工作需要应对几个挑战，这些挑战需要依赖社区、国家、经营者来应对。首先，最重要的是需要制订和实施预防自然灾害的计划，加强地方工程承包商的能力，确保工程建设遵守统一的施工标准，以减少这类灾害带来的风险。其次，需要维持必要的资金，特别是通过调动社区税收资源来达到最佳目的。最后，国家应当持续提供技术资助，培养管理专业人才，并对其进行定期评估，直到圣马丁岛内社区能够独立行使其管理职能。

圣马丁岛的重建模式，是在寻求社会支持和履行自己的责任之间达成平衡，但并未获得成功。在飓风过去近四年后，仍未能完成一项具有示范价值和可持续的重建工作。然而，国家和受"厄玛"影响的社区所获得的重建经验值得那些面临同样风险的社区分享。

审计法院提出的建议是：①由圣马丁岛内社区完成城市规划的更新工作，加强执行城市规划政策；②由海外领土部、领土凝聚力和与地方当局关系部在圣马丁岛内社区扩充和调整关于报废财产的立法；③由海外领土部跟踪为重建圣马丁岛筹集的公共资金；④由圣马丁岛内社区制定和实施公共秩序政策；⑤由圣马丁岛内社区采用与发展和重建计划筹资相一致的中期财政策略；⑥由圣马丁岛内社区开展未来税收改革的影响研究；⑦由经济、财政和复苏部、圣马丁岛内社区在地区公共财政局和圣马丁岛内社区之间建立有效的合作；⑧由海外领土部、法国开发署、圣马丁岛内社区在2021年底，总结国家和法国开发署对社区服务项目的贡献和技术支持。

2. 法国《社会团结与城市更新法》第55条适用情况审计[*]

法国在"二战"后住房数量严重短缺，为满足住房需求，政府在城市郊区大规模集中建设社会住房，但这些社会住宅却逐渐沦为贫困人口聚集地，治安混乱，与整个社会形成隔离。为了解决这一问题，法国自20世纪80年代开始寻求促进社会融合的方法。2000年法国颁布了《社会团结与城市更新法》，希望通过各市镇的努力来共同建设社会住宅，促进社会融合，保证社会住宅的数量和质量。法国审计法院在2021年2月公告了的一份关于《社会团结与城市更新法》第55条适用情况的审计报告。2000年12月13日颁布的《社会团结与城市更新法》第55条规定，某些城市必须根据法律规定的标准拥有最低比例的社会住房。[①]根据城市的不同情况，这一比例为该市主要住宅数量的25%或20%，城市名单根据其人口或由所在区域的合作管理机构确定。如果未达到规定比例，则对市镇部门处以税收罚款，用于社会住房的投资金额可以从罚款中扣除，因此这项税收既是一种制裁，也是一种鼓励措施。法律规定，到2025年，所有列入名单的城市社会住房的比例必须达到25%或20%。截至2019年1月1日，占法国人口近58%的2091个市镇被纳入该法的适用范围，其中有1100个市镇未达到规定的社会住房比例，需要交纳税收罚款。

这项法律是促进社会住房建设的有效机制，但在全国各地的适用情况并不相同。《社会团结与城市更新法》第55条对城市社会租赁住房的整体建设产生了积极影响。调查表明，2017—2019年，全国一半以上的住房是在受该条法律管辖的城市建造的，

---

[*] COUR DES COMPTES. Application of article 55 of the solidarity and urban renewal (SRU) Law [R]. Report requested by the Senate Finance Committee.

① 社会住房：由政府主导建设的低价住房，出售或出租给低收入群体，以低价出租房为主，是法国政府发挥公共职能的重要方式。社会住房的开发有新建、收购、改造存量住房等方式。

国家层面的三年建设目标已经超额完成，总体实现率为107%。审计过程中法院访谈的绝大多数人，包括民选官员、行政部门代表、非营利组织和房东，对《社会团结与城市更新法》第55条给社会住房建设带来的积极影响表示欢迎。

然而，社会住房建设情况在各地区之间以及各地区内部的城市之间存在相当大的差距，例如，在普罗旺斯—阿尔卑斯—蓝色海岸地区，158个市镇中有79个没有达到设定目标。调查显示，2017—2019年，全国1035个城市中，只有485个城市（占总数的47%）达到了目标，这些结果反映出在适用《社会团结与城市更新法》第55条时遇到的困难和问题。

自2000年通过《社会团结与城市更新法》以来，建造社会住房的条件发生了重大变化。计划外销售延长了完成任务所需的时间，并使地方政府更难控制项目建设。此外，促进城市之间合作的部门在住房方面的管辖权可能与建设社会住房的责任和《社会团结与城市更新法》第55条的适用相矛盾，后者属于市政部门及其市长。社会住房比例制度是在国家层面确定的，并在全国范围内统一适用，但需要考虑到当地的制约因素和具体情况，国家与地方之间存在不协调。为了取得更好的平衡，立法者在最初的法律连续修正案中作出一些调整，能够统计为社会住房的类型清单已经大大扩展，远远超出了社会租赁住房的传统定义，例如，膳宿建筑、旅馆甚至为游民提供的出租屋都包括在统计范围内。

此外，满足豁免标准的城市可以免于适用《社会团结与城市更新法》第55条，每年申请社会住房的数量与实际搬迁进入社会住房数量之间的比率被称为"社会住房压力指数"，该指数是豁免的标准之一，除了社会住房压力指数外，豁免标准还包括公共交通不便或城市化部分不符合建设条件的地区，这给法律的适用提供了解释空间。为加强国家法律的适用性和提高效力，法律还作出了其他调整，例如，2013年增加了所需的社会住房比例，对未达三年开发目标且没有作出实际行动的城市增加处罚手段。2017—2019年调查显示，280个市镇被视为"不合规"。虽然前面这些豁免以及调整是必要的，但它们使《社会团结与城市更新法》第55条的适用变得特别复杂。

这种复杂性、适用规则的技术性以及与社会住房问题相关的敏感性，要求中央和地方政府部门必须拥有必要的资源和手段，包括人力资源以及建立住房库存所需的手段，用以衡量社会住房压力，对不遵守规定的市政当局征税的使用情况进行审计监督，这些税收应当主要用于促进社会住房建设。对未能采取行动的市镇，还必须向省长提供更有效的执法手段，例如，接管市政当局社会住房保留权，增加违规征费，接管购买住房的优先购买权或发放建筑许可证。经验表明，这些强制性手段很难适用，而且各部门之间差异太大。

法治视角下的公共工程国家审计研究

这就引发出另一个问题,即很难在国家法律的统一性和各个地区的差异性之间取得平衡。《社会团结与城市更新法》第55条的适用既是集中的,也是分散的。由于社会住房建设目标是在国家一级为整个国家确定的,因此它是集中的,调整的可能性有限。它也是分散的,因为一旦确定了目标,各省就必须实现目标。因此,必须在以下两个方面平衡:一方面是该制度的总体一致性,即由国家一级解释法律和协调做法;另一方面是中央政府的地方代表在其行动中需要有一定的回旋余地。因此,中央政府应当具体规定某些政策细节,例如,关于豁免机制或在未能采取行动的情况下如何使用政府资源,或确保对争端采取后续行动并在国家一级得出必要的结论。同样,鉴于适用规则的复杂性和技术性及其对权力下放的地方政府造成的工作量,可以加强区域政府在提供专门知识、技术支持和协调方面的作用。

为了实现为2025年设定的最终目标,需要纠正实施中存在的不足。鉴于社会住房比例的小幅增长,所有利益相关方现在都认为,到2025年相当多的城市将无法达到法律规定的社会租赁住房占20%或25%的目标。在2020年12月起草的最新报告中,住房部估计,在受《社会团结与城市更新法》第55条法律约束的1100个城市中,超过一半的城市不可能在最后期限前满足要求。2021年1月提交给住房部长的一份报告中,特别行动股委员会主席分享了这一意见,认为只有不到1/3的城市能够在2025年达到法定目标。目前,鉴于这一最后期限,中央政府的地方办事处采取了务实的做法,为确保社会住房的总体开发得到维持,严格遵守规定的百分比不再是重点,他们有时不得不批准地方住房方案,或与地方政府签署合同文件,将目标定在法定目标之下。

这就提出了一个问题,即如果确认并非所有目标都能实现,法律本身是否需要调整。为给2025年的最后期限做好准备,中央政府必须从现在开始建立一个详细的预测系统,以确定那些最终可能无法履行义务的城市;同样,必须准确评估法律规定对促进与住房有关的社会多样性的影响,以便更好地为立法者的决策提供信息。鉴于这一问题在地方和国家层面的敏感性,应当将是否调整《社会团结与城市更新法》第55条的决定推迟到完成这些评估之后。可能的调整包括将社会住房存量的计量(百分比)改为流量的计量(建造的社会住房数量)。然而,这相当于放弃该条法律的宗旨,放弃发展社会多样性的目标。另一种调整办法是在适用法律时更好地考虑到每个城市的具体情况,这可能涉及将新的住房类别纳入社会住房清单,甚至建立更多的豁免标准,但有可能使实施变得更加复杂。

除以上措施以外,法律的适用还可以根据每个城市进行调整,以便在全国一致性和地方差异性之间取得平衡,这将涉及调整地方与政府的协商程序,以便更好地考虑到当地的制约因素和具体情况。从这个意义上说,2015年创建的"社会多样性合同"

可能是一个适当的工具，这份合同由省长以及地方政府签署，目的是启动一个自愿进程，以实现其在社会住房方面的法律义务，但是合同为地方政府设定的目标和所有可用的解决方案都要足够准确。另外，还可以考虑其他类型的评估标准，当前将地方政府作为完成社会住房比率的评估对象，很少评估城市之间的合作机构完成的住房开发目标，让城市合作机构更多参与和使用合同，在适用法律时加以区分，这些措施至少可以调整实现社会住房比率的时间，并在国家一级保持统一。

审计法院最后提出如下建议：①由住房、城市发展和景观局（以下简称DHUP）详细说明豁免机制，以及从一个三年承诺期转到另一个三年承诺期的管理标准，以便地方行政长官对标准进行评估；②确保在国家一级更好地处理与《社会团结与城市更新法》第55条适用有关的争端；③由DHUP发挥地区政府在提供专门知识、技术支持和协调《社会团结与城市更新法》第55条的适用方面的作用；④由DHUP改进识别和监测当地情况的工具，使其简化并更加可靠；⑤由DHUP增加一项义务，即报告征收的税收罚款的使用情况，并赋予中央政府在这些款项使用不当的情况下采取行动的权力；⑥由DHUP在国家一级通过公布政策细节和各省采取行动的信息，规定在未能采取行动的情况下使用中央政府资源的条件；⑦由DHUP对2025年可能无法实现目标的城市进行详细预测；⑧由DHUP在年度调查中纳入指标，监测《社会团结与城市更新法》第55条的执行情况，以便更好地评估有关城市社会多样性的变化；⑨由DHUP在平衡各城市的原则下，签署具有具体目标和承诺的社会多样性合同，为某些城市提供实现社会住房比率目标的不同时间表。

第四节　典型国家公共工程国家审计的启示

一、公共工程国家审计机关的独立性

国家审计机关的独立性因政治制度的不同存在差异。美国国家审计机关具有有限的独立性。美国审计机关的法律地位依照《预算和会计法》确立，审计机关隶属于国会，审计事项来源于国会并向国会报告工作。由于美国国家审计的对象主要是政府，因而这种监督制度使得审计机关能够独立于被审计单位。政府问责署的最高领导为总审计长，总审计长的候选人由国会提出，总统从国会提出的三名候选人中确定一人，并再次提交国会审查通过，最后由总统任命。总统也可以自己提出审计长候选人，但

要通过国会的确认和审批。每届总审计长任期为 15 年，不受政府或国会换届的影响。总审计长不能连任，任期未满时，任何人不得罢免，只有总审计长触犯法律构成犯罪时，才能由国会提出指控，并对其进行罢免。审计机关的人员配置独立于行政部门之外，除总审计长外，副审计长和其他工作人员享受公务员待遇，审计机关内部机构设置及人员配备也不受其他部门和个人的影响，而由总审计长根据工作需要自行确定。此外，美国政府问责署的审计经费预算由国会审议和拨款，使其在经费方面也不受政府部门的控制。美国审计机关隶属于立法机关，议员直接拥有监督行政和司法的权力，这种审计制度能够较多地体现民意，同时国家审计也能依据立法者的要求实施审计，使得审计的内容和范围可以更加灵活。但正因如此，国家审计也容易成为党派之争的政治工具，因为选举产生的立法者往往拥有自己的党派利益，披露的审计报告容易成为党派相互攻击的工具，同时审计权受制于立法权，一定程度上也弱化了国家审计的独立性。

德国国家审计机关的独立性很强，德国联邦审计院是一个独立的权力机关，不隶属于立法、司法、行政机关，直接向联邦议会报告审计结果，只对法律负责。这种审计制度下，国家审计不隶属于权利，只服从于法律。由于法律体现的是公共意志，因而审计服从了公共意志，体现了民意。1985 年德国颁布的《联邦审计院法》规定联邦审计院的法定职责是协助联邦议院、联邦参议院和联邦政府作出决定，即联邦审计院为立法和行政机构服务，但不具有隶属关系，不受任何权力的干涉。根据《德国联邦共和国基本法》，联邦审计院的院长、副院长以及处长、股长，独立行使审计监督权，不得无故被调离或被迫提前退休，这些人通常是终身制公务员。联邦审计院的院长与副院长人选由联邦议院与联邦参议院选举产生，联邦总统任命，任期为 12 年，不得连任。审计经费由议会审核拨款，列入国家预算，不受政府控制。

法国国家审计机关也有较强的独立性。法国审计法院隶属于司法体系，独立于议会和立法部门，1985 年通过的《审计法院法》规定审计法院是最高审计机关，审计法院的司法地位独立于政府和议会。审计法院的首席院长、下属各法庭庭长和高级法官均由内阁会议通过决议，总统任命，任期为终身制，审计成员具有法官地位，受法律保护独立行使职权。审计经费由议会审核拨款，列入国家预算，不受政府控制。

二、公共工程国家审计机关的法律地位

美国国家审计机关有获取资料、检查权、调查权、建议权、移送权和报告权等权力，审计机关对审计中发现的问题，没有处理和处罚权方面的权限，不能直接采取强制行动和下达审计决定，其权力仅限于调查被审计事项和向国会报告。审计结果对被

审计单位没有法律约束力，审计机关隶属于立法机关，但并没有立法权，更没有执法权，使得审计的实际权限较小。此外，审计机关也无权审计立法机关创制的法律。当国家审计由财政审计扩大到绩效审计以后，国家法律也应当属于绩效审计的范围，但美国审计机关只能审计国家行政机构颁发的行政法规，不能审计立法机关创制法律的行为和法律的内容。

德国联邦审计院具有检查权、调查权、建议权和报告权等基本权力，不具有处理处罚等处置权，审计机关将审计报告提交给议会和政府，审计提出的审计建议不具有强制性效力。从德国公共工程审计案例中也可以看出，审计结果的效力不强，审计机关向被审计的责任部门指出了工作的失误，并强调审计发现的问题曾经多次发生，说明以前的审计建议没有得到重视和整改，属于屡审屡犯的情形，如联邦交通和数字基础设施部多次违反财务管理规定，并且没有予以纠正。

法国国家审计机关具有很高的法律地位，权威性高。法国审计法院除具有审计职能以外，还拥有一定程度的司法权并且司法判决有终审效力。法国审计法院有权直接对违反财经法规、制度的人和事进行处理、处罚，按照法律规定，审计法院的生效判决必须执行，具有强制性，权威性高。国家审计行使国家司法权，其职能和权利都由法律规定，审计对象、审计范围都具有一定的稳定性，但由于法律具有较强原则性和刚性，因而也使审计缺乏应有的灵活性。审计机关能够对法律进行审计，可以对立法机关创制法律的行为是否符合公共利益以及法律的执行情况开展审计，可以监督国家的立法权和司法权。

三、公共工程审计专注绩效目标

本章讨论的三个国家的公共工程国家审计都属于绩效审计的范畴。美国的公共工程审计项目均来自国会的需求，为实现绩效审计目标，审计工作人员涵盖了分析师、审计师、律师、经济学家、信息技术专家、调查员和其他多学科专业人员，通过开展各种活动完成其监督工作，包括项目审查、调查、法律支持和政策分析，提高联邦政府工作的经济、效率、效果、可信度和公平。美国的两个公共工程审计案例都体现出明确的绩效审计目标，社区灾后重建基金审计关注的是基金使用的效果和公平性，费用说明书流程审计关注的是政府工作效率。美国公共工程审计工作重视对工程前期决策和后期评价的审计，由于前期决策对公共工程的投资起决定性影响，后期成果评价则有助于落实政府问责，因而这种控制好前期决策和加强绩效后评价的审计模式，能够较好地避免决策失误，同时落实政府的投资决策责任，对改善政府管理有较好的效果。决策审计主要关注决策可行性和科学性，对工程预算、工程风险控制、项目建设计划等进行审计，促使工程建设投资方向满足公共利益，保证建设规模与经济社会发展需求相适应，确保投资绩效。

德国公共工程审计特别重视决策审计，工程决策对工程投资绩效有重要影响，德国最高审计机关对公共工程决策给予了很高的关注，对决策缺乏可靠的可行性研究基础（如没有开展经济效益分析、多方案比较）提出了质疑。此外，对公共工程审计除了关注投资效益，也很关注其安全性。

法国公共工程审计的范围非常广泛，从审计案例可以看出，法国公共工程国家审计开展了对法律执行情况的审计，这对完善国家法律制度具有重要意义，国家审计在监督法律的制定和执行方面能够发挥积极的促进作用。审计建议注重在立法、政策、制度等方面提出建设性意见，有助于制度改进。每条审计建议都列出了政府责任机构，有明确的问责性，提出的审计建议并未过多关注资金使用的合法、合规性，更加关注政策、制度方面的绩效性。

综上，三个国家的公共工程审计对象都是政府机构和公共部门，提出的审计建议体现出责任落实到人的问责方式，并在审计建议中列出了责任部门。

四、公共工程国家审计的透明度

美国审计机关的审计报告，除涉及国防机密和国家安全信息外，一般都应向国会、社会公众和新闻媒体公开，公众有权查阅审计报告，审计结果透明度较高。美国政府问责署每年都要向立法和政府机构报送审计报告，必要时召开听证会，听证会完全公开，审计报告可以公开发表。

德国联邦审计院每年向议会和政府递交审计报告，召开新闻发布会，将审计报告上传到官网并公开出版。

法国审计法院每年向政府、议会和参议院提交审计报告，在政府公报上发布审计报告，同时以公开出版的形式向社会公众公布审计报告。如果被审计单位对报告内容提出异议，审计报告还需要包含异议内容以及审计机关的反馈意见。

五、公共工程国家审计的信息化

当前，工程建设的数字化、信息化程度越来越高，地理信息系统、建筑信息模型、计算机辅助设计、工程计量与计价软件、工程智能监控和管理等技术的运用和发展，给工程审计技术的发展提出了挑战。世界各国的审计机构都在积极研究适应工程建设信息化的审计数据采集技术和处理技术，提升审计效率。例如，美国公共工程审计技术信息化程度较高,公共工程审计除使用审阅、调查等常规审计方法以外,较多地采用计算机信息技术,使用数据分析程序对被审计事项的资金、组织、内部控制、管理制度方面进行统计和分析,使审计评价能够依赖于客观数据,同时提高了审计效率。

第六章 公共工程国家审计的法治问题

第一节 公共工程国家审计法治的内涵

法治具有多层含义，法治的基本内涵主要包括五个方面：法律至上、良法之治、人权保障、司法公正和依法行政。[①] 法治在形式上体现为法律至上，是对人治的否定；在内容上反映了人民的意志，体现了民主、平等精神，兼顾公共利益和个人利益。法治理念是反映法治的性质、宗旨、结构、功能和价值取向的一些达到理性的具体观念和信念，是立法、执法、司法、守法和法律监督的基本指导思想。[②] 2013年，世界审计组织第二十一届大会通过的《北京宣言——最高审计机关促进良治》提出：作为国家治理不可分割的组成部分，国家审计机关依法独立履行职责，客观公正地进行监督、鉴证、评价和建议，以供国家决策者制定政策和开展规划所用。[③] 法治理念应用于国家审计有两个核心原则：依法审计和独立性。

一、依法审计

法治的内涵要求公共工程国家审计必须遵循依法审计，依法审计具有以下几个方面的内涵：一是公共工程国家审计只能由法定的审计机关行使，不符合法定资格的主体，如果没有得到国家审计机关的授权和委托，就不能开展国家审计。例如，社会审计机构在得到国家审计机关的授权和委托以后，才能代国家审计机关行使国家审计监督权。二是审计机关必须依照法律规定的职责、权限和程序开展审计。公共工程国家审计到底要实现哪些功能，能够享有哪些权限，应当实施哪些审计程序，审计结论具有何种地位，都要依照国家法律法规确定。公共工程国家审计的有所为与有所不为，都应在法定职责和法定授权范围内。公共工程国家审计的依据是国家关于公共工程建

[①] 王利明. 中国为什么要建设法治国家[J]. 中国人民大学学报, 2011, 25 (6): 60-62.
[②] 谢鹏程. 论社会主义法治理念[J]. 中国社会科学, 2007 (1): 76-88, 206-207.
[③] 世界审计组织第二十一届大会. 北京宣言: 最高审计机关促进良治[M]//《中国审计年鉴》编委会. 中国审计年鉴2014. 北京: 中国时代经济出版社, 2016: 35.

设管理以及国家审计的法律法规及各种规章制度，审计依据的法定性说明审计活动天然具有法治属性。国家审计机关对公共工程的审计本身就是一种执法行为，如果审计人员违反法律规定开展审计活动，如超越审计权限、滥用审计权力、违法行使职权等，将承担相应的法律责任，包括行政责任、民事责任和刑事责任。三是审计结论必须依法作出。审计结论必须事实确凿，有明确的审计证据，并依照相应的法律规范的规定作出，作出的审计决定和审计建议必须有理有据，对被审计单位作出的处罚需要正确和适当。四是出现审计争议时必须通过法定的方式和途径解决。根据《审计法》的规定，被审计单位对审计决定不服的救济途径分为两种不同情况分别对待：对财务收支的审计决定不服的可以依法申请行政复议或提起行政诉讼，对财政收支的审计决定不服的可以提请审计机关的本级人民政府裁决。

1999年，第九届全国人大二次会议通过的《宪法修正案》，把"依法治国，建设社会主义法治国家"写进了《宪法》，为依法治国和法治建设提供了根本保障。2020年11月召开的中央全面依法治国工作会议上，党中央正式提出"习近平法治思想"，其核心要义包括要坚持在法治轨道上推进国家治理体系和治理能力现代化。在全面推进依法治国、建设社会主义法治国家的背景下，建立法治思维，严格依法审计、依法行政成为国家审计机关和审计工作人员应当始终遵循的基本原则，审计工作必将顺应全面依法治国的改革思路，努力推进国家治理水平和治理能力现代化，在法治道路上前行。依法审计要求公共工程国家审计人员要更加注重建立法治思维，主动从基础治理角度探寻适应中国特色社会主义审计制度建设的规律，为提高公共工程国家审计工作绩效发挥建设性作用。

二、独立性

独立性原则是审计机关独立和高效地履行职责的基本要求，最高审计机关国际组织（International Organization of Supreme Audit Institutions，简称INTOSAI）在《利马宣言》和《墨西哥宣言》中阐述的独立性原则可以归纳为八个方面：①独立性的实现程度在法律中得到详细规定；②审计机关的领导及审计人员享有独立性，体现在对其任期的规定和正常履行职责时得到法律的保护；③审计机关及审计人员在履行职责时，享有充分、广泛的授权以及自主决定权；④审计机关能够不受任何限制地获取审计所需的信息；⑤审计机关享有对其工作进行报告的权利并承担报告义务；⑥审计机关能够自主决定审计报告的内容和发布时间；⑦审计机关针对审计建议，建立有效的后续跟踪机制；⑧审计机关享有财务和管理自主权，并能获得足够的人力、物力和财政资

法治视角下的公共工程国家审计研究

源。[①]2011年12月22日,联合国第66届大会决议《通过加强最高审计机关提高公共行政的效率、问责、效益和透明度》达成共识:"确认最高审计机关唯有独立于受审计实体并免受外部影响,才能客观地完成其任务。"[②]

独立性是审计的灵魂,《宪法》规定审计机关独立行使审计权,不受其他行政机关、社会团体和个人的干涉。实现审计的独立性要求审计机关和审计人员在开展审计活动时,应当始终保持独立。审计独立性表现为形式上的独立和实质上的独立。形式上的独立要求审计机关和审计人员不得与被审计单位或被审计事项有经济利益关系或其他利害关系,审计人员也不得与被审计单位有关负责人有夫妻、直系血亲、三代以内旁系血亲或近姻亲等关系。此外,审计机关和审计人员应当避免任何影响独立性和公正性的活动,避免直接参与被审计单位的行政或经营管理活动,2021年修正的《审计法》第14条为新增的关于独立性的要求:审计机关和审计人员不得参加可能影响其依法独立履行审计监督职责的活动,不得干预、插手被审计单位及其相关单位的正常生产经营和管理活动。形式上的独立性还表现为审计行为的独立性,审计机关在制定审计项目计划、选派审计人员时,应当在法定职权范围内自主确定,依据法律和被审计事项独立地开展审计工作并作出客观评价,对违反法律法规和相关规定的行为进行处理和处罚,并以审计机关的名义出具审计意见书和审计决定等文件。审计人员在开展审计工作时,其独立性表现为在法定权限范围内,自主确定审计方法,自主实施检查、调查、审阅等审计程序,并对审计证据或相关资料独立作出判断,发表客观公正的审计评价和审计意见,以揭示存在的问题和促进整改。形式上的独立性还要求审计机关和审计人员能够排除来自外部的各种因素的干扰,审计机关和审计人员要敢于坚持原则,加强与上级机关和审计委员会的沟通和联系,善于抵御来自各方面的干涉,坚决捍卫审计的独立性。

实质上的独立要求审计机关和审计人员具有独立的态度,从主观心态上保持独立,这是一种主观信念和心理力量,对保障国家审计的独立性有重要的意义。实质上的独立性要求审计机关和审计人员树立为民服务的理念,增强对审计职业的热爱,树立履行职责的光荣感和使命感。为此,审计人员应当加强学习提高业务水平和道德修养,具备必需的职业胜任能力,熟悉与工程审计有关的法律法规和相关规定,恪守严格依法、正直坦诚、客观公正、勤勉尽责、保守秘密的基本审计职业道德。2021年修正的

---

① 约瑟夫·莫瑟,罗泉. 世界审计组织和最高审计机关的职责及贡献[J]. 审计与经济研究,2012,27(3):5.

② 联合国. 2011年12月22日大会决议[R/OL]. [2022-08-01]. https://documents-dds-ny.un.org/doc/UNDOC/GEN/N11/471/35/PDF/N1147135.pdf?OpenElement.

《审计法》新增的第 12 条第 1 款要求，审计机关应当建设信念坚定、为民服务、业务精通、作风务实、敢于担当、清正廉洁的高素质专业化审计队伍。

审计的独立性并非具有绝对性，审计独立性是在法律规定范围内的独立，是一种相对的独立。由于审计独立性受到政治经济发展水平的影响，并且国家审计制度应服务于国家治理，审计独立性不能超越政治经济环境而存在，因而特定的政治条件下产生的国家审计制度必然具有特定的政治属性。为此国家审计设定了特定的职责和权限，审计机关和审计人员不能超越法律规定的职责和权限。此外，审计独立性还受到审计人员能力素质的影响，使得审计无法达到绝对的独立。

第二节 公共工程国家审计法治研究回顾

一、工程审计法律制度

有学者认为，我国政府投资审计监督法律制度体系基本健全，制度实施基本有效，人大监督、司法监督、审计监督、行政监督、民主监督、社会监督组成的统一的政府投资监督体系基本形成。但还存在法律制度不统一、缺乏专门性的审计监督制度的问题，以及部分地区法律法规制度滞后、刚性不足，代建制等政府投资监管模式缺乏统一法律规范，政府投资合同的法律属性缺乏明确规定，相关政府投资监督法律解释匮乏等问题。基于以上问题，有学者提出制定专门的政府投资审计监督法律法规，建立行政合同法律制度，制定统一的政府投资项目代建制管理办法，推进PPP立法规范政府投资创新，加强政府投资审计监督法律解释，构建统一的政府投资审计监督体系。[1]

当前，我国公共工程审计正在历经变革，2017 年 9 月，时任审计署审计长胡泽君指出，我国投资审计工作要围绕投资审计转型，做好三个转变，即从数量规模向质量效益转变，从单一工程造价审计向全面审计转变，从传统投资审计向现代投资审计转变。[2] 有学者认为，除以上三种转变以外，我国政府投资审计制度在审计监管上，正在从管理型审计向监督型审计转变。[3]

---

[1] 张帆.完善政府投资审计法律制度研究[J].审计研究，2015（5）：8-13.
[2] 胡泽君.在全国审计机关进一步完善和规范投资审计工作电视电话会议上的讲话[M]//《中国审计年鉴》编委会.中国审计年鉴 2018.北京：中国时代经济出版社，2019：28-32.
[3] 许光建，马瑞晨.新时代政府投资审计制度的发展与展望[J].会计之友，2019（9）：121.

二、工程审计决定的法律地位

针对国家审计机关作出的工程审计决定具有何种法律地位，能否作为竣工结算的合法依据，以及其在公法与私法、行政法律关系与民事法律关系、行政权力与民事权力等方面的冲突与平衡的问题，现有文献论述的角度通常包含了国家审计监督和审计决定的性质、民事合同自由、政府工程施工合同的性质以及《审计法》及《审计法实施条例》的相关规定等。王常松等以实际案例为基础，研究了国家建设项目审计决定与民事判决的冲突，认为这种冲突反映了《审计法》与《合同法》之间的不协调。[①]

国家审计机关作出的工程审计决定能否作为竣工结算的依据？反对者认为，国家审计是一种行政监督，行政审计决定不能作为合同价款纠纷定案的必然依据。审计机关行使的是行政监督权，只应约束其行政关系的相对人，不应直接决定被审计单位与其相对交易人之间的项目价款及其争议的解决，应根据当事人之间的合意并由人民法院依法处理。[②]建设单位（被审计单位）究竟应当支付多少价款给承建单位是个民事法律问题，解决该问题应当合同优先，以双方合法签订的合同为准。[③]以审计机关的审计结果为结算依据缺乏《审计法》依据，而且还会造成一些负面影响，包括因审计行政机关直接介入具体的经济活动，行政权力的不当扩张，损害工程造价咨询、评估等社会中介组织的中立性和公正性等。在操作性层面，由于建设单位的决算审计与施工合同的工程结算审计在专业性方面存在很大差异，加之属于法定审计范围的工程数量很大，审计机关在人力方面恐怕无法胜任。此外，工程款从审核到支付在建设工程施工合同中均有时间期限规定，而审计法律法规对审计期限没有严格规定，审计机关在时间上很难满足要求，可能会导致工程款拖欠。不仅如此，审计机关如果聘请社会中介完成审计，就要增加审计机关公共开支，财政机关增加拨款。[④]基于这些实际困难，反对者认为以国家审计机关作出的工程审计决定作为竣工结算的依据缺乏可操作性。

赞成者认为，应当以国家审计机关作出的工程审计决定作为竣工结算的依据。审计机关对政府投资项目相关方履行项目合同的情况进行审计监督，是行政权对社会个体利益进行控制和调整的具体表现，也是政府对通过行政合同委托获得部分行政职权

---

① 王常松，李蕾.国家建设项目中审计决定与民事判决的冲突及法律对策研究：兼论审计法与合同法关系[J].审计研究，2003（4）：11.
② 马胜军，尚万增.行政审计决定能否作为合同价款纠纷的定案依据[J].人民司法，2001（10）：59.
③ 高志明.国家建设项目审计决定与承包合同的法律效力及其协调[J].审计与经济研究，2007（2）：39.
④ 雷士国.对"以审计结果作为工程竣工结算依据"问题的商榷（二）[N].建筑时报，2012-11-01（4）.

的社会组织进行监督的方式。①在追求合同自由的同时,我们应当清楚,在市场经济条件下,对合同自由的必要限制同样是合同自由的一项重要内容。对国家财政投资建设工程决算金额的确定而言,片面地强调合同的自由及意思自治会带来不良的后果,会使立法规定的工程决算价款审计监督制度流于形式。②

综上所述,审计决定能否作为合法依据,理论和实务界没有达成共识,但在司法领域已有审判依据,即审计决定要作为结算依据,必须由合同双方在合同中明确约定以国家审计决定作为结算依据。但这种片面强调合同自由的观点,与国家审计维护公共工程中的国家利益和公共利益的原则相违背。

三、审计决定争议的司法救济

如何解决审计决定带来的争议,雷士国认为按照《审计法》及《审计法实施条例》的规定,被审计单位对有关财政收支的审计决定持有异议只能提请审计机关的本级人民政府裁决,本级人民政府的裁决为最终决定,实质上剥夺了施工单位通过司法途径解决冲突的正当权利。③高志明认为根据《民事诉讼法》《行政诉讼法》的规定,依法提起民事诉讼、行政诉讼是法律赋予当事人的法定权利。施工单位既能以建设单位(被审计单位)为被告,以其违反合同约定为由向人民法院提起民事诉讼,也能以审计机关为被告,以审计决定侵害其民事权益为由向人民法院提起行政诉讼,还可以同时向人民法院提起民事诉讼和行政诉讼。④曲炜认为政府投资项目及其相关合同具有行政属性,由审计决定引起的政府投资项目合同纠纷的本质是行政纠纷,应该通过行政复议、行政诉讼等途径进行解决,而不是通过民事诉讼的途径解决。⑤王常松等认为西方现代法律理论提出行政法律关系涉及社会公共利益,社会公共利益应优先于私人利益,最终为私人利益服务,这是对"私权至上"(民事法律关系至上)观点的调整。从源头上解决审计决定与民事判决的冲突有三条原则:一是管辖权原则,即人民法院和审计机关都对国家建设项目具有管辖权;二是案件管辖优先原则,即在国家建设项目的民事审判和审计监督过程中,以谁先受案确定优先管辖;三是行政和司法救济原则,即当事人对审计机关依法作出的有关工程价款的审计决定不服的,可以提起行政复议,

---

① 王世成,曲炜.我国政府投资项目审计的行政法学思考[J].审计研究,2007(6):41-45.
② 卓洁辉.论建设工程承包合同中的合同自由与审计监督:以国家财政投资建设工程承包合同为透析视角[J].河北法学,2011,29(2):163-166.
③ 雷士国.对"以审计结果作为工程竣工结算依据"问题的商榷(三)[N].建筑时报.2012-11-19(3).
④ 高志明.国家建设项目审计决定与承包合同的法律效力及其协调[J].审计与经济研究,2007(2):39.
⑤ 曲炜.我国政府投资项目审计监督法律问题研究[D].北京:中国政法大学,2007.

不服行政复议决定的，再提起行政诉讼，由人民法院作出最后的判决。[1]

对于处理审计争议法律依据不足的问题，有人认为应当在立法中引入行政合同概念，把关系国计民生的重大国家建设项目合同从建设合同中解脱出来，确立其行政合同的法律地位，则可以根本解决重大建设项目审计中存在的法律问题。[2] 有人提出应当修改《审计法》，将"审计机关依法作出的审计结果作为价款结算的依据"写入法律。[3]

四、公共工程建设合同的性质

公共工程合同是政府的行政行为，公共工程合同与一般合同相比有两项特征：一是合同标的是公共工程；二是合同有一方当事人是行政主体或者接受了行政主体委托的机构，因此公共工程合同完全符合行政合同的基本原则。行政合同具有两项基本原则：一是行政优益权原则，这是各国行政法都遵守的重要原则。行政机关作为一个公共机构具有很多法定的权力和义务，契约义务不能妨碍行政机关法定权力义务的实现，也不能束缚行政机关自由裁量权的行使。行政主体因此享有必要的特权，但这种特权的存在是基于公共利益需要，其行使也必须遵循公益且以公益需要为限。二是经济利益平衡原则。这项原则由行政优益权原则衍生而来，即在公共利益所需范围内，行政主体对行政合同必须享有特权，但这种特权是以行政主体承担相应义务，并保持相对人经济利益平衡为前提的。如果相对人因行政特权遭受损失或增加负担，必须得到相应补偿。这项原则有助于防止行政权的滥用。[4]

近年来，由于PPP项目的大量出现，理论界对PPP合同属性也开展了较多的研究。概括起来有三种观点，即行政合同、民事合同、兼具民事与行政性质的合同。代表性观点有：周兰萍认为，将PPP特许权协议定性为民事合同，可以使特许权协议双方当事人权益有更为便利高效的司法救济渠道。[5] 湛中乐等认为，PPP合同属于兼具公法和私法性质的混合合同，双方当事人应同时受到公法和私法原则的约束，应当允许当事人自由选择通过公法或者私法方式来解决由此引发的法律争议。[6] 尹少成将PPP合同的法律性质界定为"行政处理+民事合同"和"行政处理+行政合同"模式，认为PPP合同签订前的行为为行政处理行为，适用行政救济途径解决纠纷，PPP合同签订

---

[1] 王常松，李蕾.国家建设项目中审计决定与民事判决的冲突及法律对策研究：兼论审计法与合同法关系[J].审计研究，2003（4）：10.

[2] 高志明.国家建设项目审计决定与承包合同的法律效力及其协调[J].审计与经济研究，2007（2）：40.

[3] 胡贵安.简化政府投资项目审计程序的法理探析[J].财会月刊，2008（34）：41-42.

[4] 郭润生，邬帅莉.论发展和完善我国公共工程合同制度的构想[J].行政法学研究，1996（4）：27-34.

[5] 周兰萍.PPP特许权协议的法律性质及立法建议[J].中国建筑装饰装修，2014（7）：48-49.

[6] 湛中乐，刘书燃.PPP协议中的法律问题辨析[J].法学，2007（3）：61-70.

后的行为原则上为民事合同，适用民事救济途径，并根据行为的性质和争议的内容以行政救济作为补充。① 李莹莹认为PPP合同是兼具民事法律关系与行政法律关系的合同，是经济行政合同，本质上属于行政合同。根据《行政诉讼法》及司法解释，PPP合同的违约法律救济方式是行政诉讼。② 刘力认为PPP合同中必然存在行政监管，在合同目的、解除、纠纷解决等方面具有特殊性，PPP合同属于行政合同，当前我国行政法的发展使其能够规制好PPP合同。③

公共工程合同的特殊性得到了其他一些人的赞同。虽然建设承包合同属于私法契约，应当按照私法自治、契约自由、平等自愿、诚实信用等私法原则处理，但关系国计民生的重大国家建设项目，国家投入资金多，项目社会影响大，应当给予更加严格的行政监督。因此，重大国家建设项目的建设承包合同与一般建设承包合同应当有所区别，如果将这类重大国家建设项目合同也当作一般的民事合同对待，都适用《民法典》中的合同编，将合同约定和审计机关的监督结论对立起来，很难找准侧重保护公共利益的公法权力和侧重保护私人利益的私法权利的契合点。④

法律法规对公共工程合同的属性没有明确，给公共工程审计带来了不利影响。张帆认为，在政府投资项目建设中，合同是约定各方权利义务的重要载体，但政府投资项目建设中的合同到底是民事合同还是行政合同，其法律属性不明，导致同样是政府投资争议，其处理结果大相径庭，影响了政府投资审计监督的客观公正，也不利于政府投资市场健康发展。⑤

当前，对公共工程国家审计法治的研究，多从政府投资项目的角度开展，政府投资项目法律制度还存在法律制度不完善、合同属性不明确、国家审计决定的法律效力还存在争议、司法救济途径不明确等问题。对公共工程审计则缺少研究。

---

① 尹少成.PPP协议的法律性质及其救济：以德国双阶理论为视角[J].政法论坛，2019，37（1）：85.
② 李莹莹.PPP合同法律性质探析[J].理论导刊，2016（5）：109.
③ 刘力.PPP项目合同性质证伪与补正[J].时代法学，2019，17（2）：93.
④ 高志明.国家建设项目审计决定与承包合同的法律效力及其协调[J].审计与经济研究，2007（2）：40.
⑤ 张帆.完善政府投资审计法律制度研究[J].审计研究，2015（5）：11.

第三节　公共工程国家审计法治困境

一、公共工程国家审计基本理论研究不足

公共工程国家审计基本理论是公共工程国家审计的基本概念、委托代理关系等内容，理论界对这些问题还缺乏专门研究。有人认为审计的概念与定义是有区别的，概念是人类思考的出发点，是理性思维的基本形式之一，是客观事物的本质属性在人们头脑中的概括反映；定义则是对一种事物的本质特征或一个概念的内涵和外延的确切而简要的说明。当前，对国家审计基本概念包括的要素，共识较多的有：公共受托责任、独立性、审计本质、审计职能、审计目标、审计对象、审计程序和审计证据。[①]

有人认为政府投资项目中存在多层次的委托代理关系：第一层次的委托人是社会公众，受托人是政府，由政府对公共资产进行公共管理，该委托代理关系的基础是法律；第二层次的委托人是政府，受托人是政府建设主管部门或具备一定资质的企业（如项目法人），由受托人具体实施政府投资项目的管理，该委托代理关系的基础是行政授权或合同；第三层次的委托人是项目建设单位或法人单位，受托人是设计、施工、监理和供货单位，由受托人等实施工程建设，该委托代理关系的基础是工程合同。[②]

郑石桥等对工程委托代理关系进行了梳理，将工程委托代理关系划分为三种类型：资源类、合约类、法定类，分别对应投资者与受托人（建设单位、施工单位等），建设单位与合约单位，政府监管部门与监管对象。还将工程类经管责任区分为业务责任和财务责任，进一步讨论工程审计的本质、需求、主体、客体、目标、内容等基本问题。并且认为工程审计的本质是以系统方法从行为、信息和制度三个维度对工程类经管责任履行情况实施的独立鉴证、评价和监督，并将审计结果传递给利益相关者的工程治理制度安排。[③]该研究对工程审计的基本概念进行了系统的论述，为公共工程国家审计理论研究提供了思路。

公共工程受托责任因投融资主体性质的不同，存在不同的审计委托人，不同的审

[①] 刘力云，崔孟修，王慧，等.对国家审计基本概念仍需深入研究：基于一项有关国家审计基本概念和定义认知访谈结果的分析[J].会计之友，2021（8）：15-21.

[②] 李冬.政府投资项目协同治理审计研究[D].哈尔滨：哈尔滨工业大学，2013.

[③] 郑石桥，时现，王会金.论工程制度审计[J].财会月刊，2019（22）：92-95.

计委托人对受托人的责任要求也有所不同，只有明确了受托责任的内容，国家审计才能够针对受托人开展审计活动并发表建议。当前，缺乏对公共工程委托代理关系以及受托责任等基本理论的研究。由于研究的不充分，导致公共工程国家审计对政府管理部门的受托责任缺乏监督，对建设单位的监督内容依据不足，对设计、施工等单位无法落实监督。公共工程国家审计应当审谁、审什么、审计目标是什么等基本概念问题还需要深入研究。

二、公共工程国家审计法律规范不完善

审计机关权力来源于法律授权，依法审计是审计工作的根本宗旨。我国公共工程国家审计制度是我国国家审计制度的组成部分，随着国家审计制度的建立和不断发展，当前我国公共工程国家审计法律规范还存在需要完善的地方。

（一）法律法规对被审计单位规定不明确

《审计法》及《审计法实施条例》均没有明确规定公共工程审计的被审计单位，《审计法》对工程审计对象表述为"政府投资和以政府投资为主的建设项目"，以及"关系国家利益和公共利益的重大公共工程项目"，《审计法实施条例》规定审计建设项目时，可以对直接有关的设计、施工、供货等单位取得建设项目资金的真实性、合法性进行调查。虽然审计署部门规章对被审计单位有明确表述，《政府投资项目审计规定》第3条规定，审计机关依据《审计法》和《审计法实施条例》以及本级人民政府规定，确定政府投资项目审计的对象、范围和内容；第10条第1款规定，审计机关开展政府投资项目审计，应当确定项目法人单位或其授权委托进行建设管理的单位为被审计单位。但部门规章的立法层级较低。法律法规对被审计单位的规定是不清晰的，本书在第三章中已有论述。由于法律法规对被审计单位规定不明确，带来以下弊端。

1. 给国家审计法律地位带来不利影响

除建设单位以外，审计机关对涉及工程建设的其他单位不能行使《审计法》规定的各项权力，如要求报送资料权、调查取证权、处理处罚权等，这些单位可以以其不属于被审计单位为由拒绝提交资料或执行审计决定。

2. 公共受托责任的监督较难得到落实

工程建设中政府承担了公共管理责任，对公共工程的决策、资金拨付和使用、建设目标实现等负有监管责任。当前，公众越来越关注政府工作绩效，对政府工程监管活动的合规、公平、经济、效率、效益都更加关注，政府行为应当是监督的重点，而

《审计法》却没有将政府工程监管部门明确列为被审计对象，使审计机关监督政府的行政行为缺乏法律依据。

在我国工程审计发展历程中，审计机关在工程审计中揭露的问题相当大一部分与建设管理体制有关，与有关建设管理部门的监管活动以及其他参建单位的管理活动有关，例如，政府管理部门或有关单位违法违规行为、违反国家有关指令或规定、违背建设程序、受贿行为等等，但依照法律法规审计机关不能将其作为被审计单位，审计决定也不能对其产生法律效力。

3. 审计工作的开展面临新的困难

2021年修正的《审计法》新增了工程审计的范围，将"其他关系国家利益和公共利益的重大公共工程项目"列为审计范围，审计的内容是"资金管理使用和建设运营情况"。从《审计法》的表述可理解为这类工程不属于政府和政府投资为主的工程，不能按照《政府投资项目审计规定》确定被审计单位，如何确定其被审计单位显然缺乏法律依据。仅以关系国家利益和公共利益的重大公共工程为由对建设单位进行审计，似乎很难有说服力。由于判断是否关系国家利益和公共利益的自由裁定空间很大，对重大公共工程也没有统一标准，很容易造成权力的滥用或无端限制，对除建设单位以外的其他参与工程建设与管理的相关单位，更没有审计的依据。

（二）公共工程建设合同示范文本缺少与国家审计有关的规定

1. 审计权力与公共工程建设合同没有对接

近年来，我国公共工程建设向市场化方向改革，凡是市场能够通过资源配置解决的公共工程都尽量通过市场解决，公共工程的投资和建设主体将更多的是非国有性质的公司。这些公司与其他建设实施主体之间签订的合同，都是平等民事主体之间的合同。对于《审计法》规定的必须接受国家审计的公共工程，合同当事人在签订工程建设合同时可能会有意或者无意忽视国家审计的权力，未在合同中明示工程属于《审计法》规制的范围。这就使审计权力没有在公共工程建设合同得以明确，合同的一方甚至双方都有可能不清楚工程属于国家审计的范围，当国家审计在事后开展时，如果触及合同主体的利益，就很容易形成抵触情绪带来合同纠纷。而实践中，有关合同方面的法律规定往往优于《审计法》的规定来适用，如果采用司法途径解决，则很可能出现本书一开始介绍的案例情形，审计决定将不能得到法院支持。

对政府工程以及关系国家利益、公共利益的重大公共工程开展审计是审计机关的法定职责，但现行《建设工程施工合同（示范文本）》（GF—2017—0201）由住房和城乡建设部、工商总局印发，合同通用条款对国家审计事项并未提及。当前，建设单位仍然存在缺乏建设管理经验的问题，在拟定合同时很容易忽略《审计法》对项目审计监督的要求，或者即使在合同中明确工程应当在接受审计之后再结算，但因表述不清，没有写明审计的类型是国家审计还是其他审计，也会导致国家审计决定无法对施工单位产生法律上的约束力。

2. 未明确公共工程建设合同的行政属性

前文关于公共工程建设合同性质的研究回顾表明，公共工程建设合同具有行政属性得到了较多的共识，但我国立法没有行政合同的概念，也未明确公共工程合同的行政属性，这对公共工程合同的履行与审计争议的处理带来了不利影响。

（三）未区分公共工程财务收支审计与绩效审计

本书第二章对公共工程国家审计的类型进行了划分，按照审计的目标不同划分为公共工程财务收支审计和公共工程绩效审计。这两种审计类型的审计对象、目标、内容、方式都有很大区别，但在工程审计法律规范中并未加以区分。

公共工程财务收支审计由具有财务会计专业知识的审计人员实施，审计的依据是《审计法》第21条和第22条，审计机关有权审计国有企事业单位的财务收支。公共工程绩效审计由具有工程项目建设和管理专业知识的审计人员实施，审计建设活动参与者的工程建设和管理情况，以及有关工程建设法律法规和制度的执行情况，审计依据是《审计法》第23条。《审计法》没有明确区分公共工程财务收支审计与公共工程绩效审计，致使实践中两种审计类型混淆，没有体现各自审计的重点。

受传统财务收支审计思维定式的影响，《审计法》将政府投资和以政府投资为主的建设项目的"预算和决算执行情况"作为审计内容，与工程绩效审计需求不相适应。公共工程的预算执行情况和决算审计目的是监督和评价受托人的经济受托责任，公共工程绩效审计目的是监督和评价受托人的建设管理责任，例如，工程决策责任、工程招投标责任、工程质量责任、工程安全责任和工程环保责任等等。2021年《审计法》修正之前，国家审计监督的是"政府投资和政府投资为主"的建设项目，建设单位与政府之间存在直接的资金拨付关系，建设单位的受托责任源于政府将财政资金委托其开展工程建设，因而建设单位承担的是一种"经济受托责任"。但当"关系国家利益和公共利益的重大公共工程项目"纳入审计监督范围的时候，建设单位与政府之间的财政资金关系可能并不存在，又该如何确定受托责任的内容。事实上，不管建设单位与政府之间是否存在资金委托关系，建设单位都承担着来自社会公众的受托管理责任，这是一种因参与公共工程建设应当对社会和公众承担的社会责任,以公共工程的质量责任、安全责任和环保责任为主要内容,即建设单位应当对公共工程的质量和安全负责,对公共工程给环境带来的影响负责,并承担因质量问题、安全问题、环境破坏等对公众造成的损害负责。同样的,政府建设管理部门、其他建设参与单位因其在公共工程建设中的不同角色,承担着不同的工程管理责任。关于公共工程受托责任的具体内容将在后面章节论述。

(四)对审计内容的规定缺乏一致口径

由于未区分财务收支审计与工程绩效审计,《审计法实施条例》对工程审计内容的规定也缺乏一致口径。《审计法实施条例》规定政府投资工程审计的内容是:总预算或者概算的执行情况、年度预算的执行情况和年度决算、单项工程结算、项目竣工决算。这一规定存在两个方面的问题:一是没有界定工程审计中"预算"和"概算"的概念,工程审计中既有建设单位对工程项目所做的财务收支预算,也有工程造价中依据施工图纸所做的施工图预算、工程设计概算。财务收支预算与建设单位的财务会计管理工作相关,属于财务收支审计的内容,工程施工图预算、设计概算与工程建设单位、施工单位、设计单位的工程建设管理活动相关,是工程绩效审计的内容,两者是不同类型的管理文件。但在实践中都经常被简称为预算、概算,如果不加以区分,容易产生混淆。二是将属于绩效审计内容的单项结算与其他与财务收支有关的预算、决算放在一起,使审计内容缺乏统一口径。总(年度)预算、年度(竣工)决算都可以理解为财经领域的概念,是由建设单位编制的反映财政资金使用情况的数据及报表,对这些事项的审计实质上是针对建设单位的工程财务审计。单项工程结算却具有不同属性,是属于工程建设与管理领域的工程造价概念,它与工程投资估算、设计概算、施工图预算、竣工结算等属于工程在建设不同阶段的工程造价。单项工程具有独立的设计文件、完整和独立的使用功能,通常体现为一个单体建筑物或构筑物,建成后能够独立发挥使用效益。单项工程结算是建设单位与施工单位签订的建设工程施工合同的组成部分,施工单位完成建设任务以后,编制并向建设单位提交单项工程结算报告,经建设单位审核和双方协商后达成一致,作为支付工程款的依据。因此,对单项工程结算的审计,涉及建设单位和施工单位两方的利益,由于审计法律法规没有明确规定工程审计的被审计单位,只能依照审计署的部门规章以建设单位为审计对象,实践中一旦涉及施工单位的利益,审计决定难以执行。

（五）跟踪审计的立法层级较低

《国务院办公厅关于创新投资管理方式建立协同监管机制的若干意见》虽然提出了跟踪审计要求，但该意见不是关于跟踪审计的专门性规定。审计署仅在其部门规范性文件中对跟踪审计进行了规定，例如，2010年发布的《政府投资项目审计规定》，2017年发布的《审计署关于进一步完善和规范投资审计工作的意见》，2019年发布的《审计署办公厅印发〈关于进一步完善和规范投资审计工作的意见〉贯彻落实中常见问题解答的通知》。

根据北大法宝上查询的资料，全国仅20多个省、区、市具有现行有效的专门针对跟踪审计的规范性文件，有15个省在审计条例等地方性法规的内容中提到了跟踪审计，但通常只有1～2条对审计范围和方式的原则性规定，有84份地方规范性文件有与跟踪审计有关的内容，这些文件大多数都是市级政府发文，少量是省级政府部门发文，级别都不高。可见，对跟踪审计的范围、实施方式、实施细则和监管要求等方面，在管理方面还没有比较统一的认识。

（六）审计报告提交时间没有原则性规定

建设工程领域常见的竣工结算久拖不决的问题，原因之一是与国家审计介入有关。公共工程作为被审计对象，因工程结算审计经常发生结算争议，导致工程结算久拖不决，工程结算款项不能及时支付，建筑施工企业怨言很大，还会直接引发农民工不能及时获得工程款等一系列社会问题。

《审计法》及《审计法实施条例》对审计报告的完成时间都没有作出规定。公共工程审计涉及面广，工程复杂程度不一，审计依据资料的合法性、充分性、完整性也不统一，审计报告受到这些因素的影响，确实很难有明确的完成时间，不过有的地方政府规章对审计报告完成时间作出了规定，如2018年发布实施的《重庆市公共投资建设项目审计办法》（重庆市人民政府令第319号）规定：公共投资建设项目概（预）算执行情况、工程结算、竣工决算审计，应当在审计通知书确定的审计实施日起6个月内出具审计报告，特殊情况下还可以报审计机关主要负责人批准延长审计期限。这个规定的时间远长于建设领域关于结算时间的规定。此外，即使出具了审计报告，如果被审计单位及相关的施工单位对审计报告有异议，也会导致工程结算时间延长，而建设领域的法律法规对工程结算时间有明确规定。《建设工程价款结算暂行办法》（财建〔2004〕369号）规定承包人提交竣工验收报告的同时应递交竣工结算报告及完整的结算资料，根据工程竣工结算报告金额的不同，发包人工程竣工结算审查期限为20～60

日。《建设工程工程量清单计价规范》（GB 50500—2013）规定发包人应在收到承包人提交的竣工结算文件后的 28 天内审核完毕，发包人在收到承包人竣工结算文件后的 28 天内，不审核竣工结算或未提出审核意见的，视为承包人提交的竣工结算文件已被发包人认可，竣工结算办理完毕。

由于审计法律规范对审计报告时间没有作出明确规定，在国家审计时间与建设工程规定的结算出现冲突时，审计机关将面临被动的局面。国务院办公厅发布的《国务院办公厅关于促进建筑业持续健康发展的意见》（国办发〔2017〕19 号）规定：审计机关应依法加强对以政府投资为主的公共工程建设项目的审计监督，建设单位不得将未完成审计作为延期工程结算、拖欠工程款的理由。2020 年新型冠状病毒感染疫情之后，《住房和城乡建设部办公厅关于印发房屋市政工程复工复产指南的通知》（建办质〔2020〕8 号）要求：建设单位不得以未完成决算审计为由，拒绝或拖延办理工程结算和工程款支付。

三、公共工程国家审计与其他监管活动的职能界限不明确

公共工程国家审计与建设领域其他监督活动的职能界限不明确，导致职责功能和监督内容重复、交叉等问题。一是与财政评审的界限不明确。财政评审始于 20 世纪 50 年代，是财政部门对财政投资进行评审管理，是财政预算管理的重要组成部分。由财政部门专职评审机构组织专业技术力量，对政府投资项目的概算、预算和竣工结算、决算的真实性、合法性与有效性进行评估与审查等财政管理活动。财政投资评审是财政预算管理的环节，财政投资评审结论作为预算编制、执行和决算的依据，必须纳入国家审计的范围。[1] 虽然国家审计应当监督财政评审活动，但如何处理好两者的关系却是难题。有学者提出，财政评审与审计监督在政府投资项目的行政监管中并存，财政评审与审计监督均属于行政系统内部的行政审查，监管对象和审查重点重合，两审并存的法律逻辑缺乏理论支撑，给市场主体和政府治理带来困扰，引发新一轮工程款拖欠等问题，建议审计部门保留程序上和形式上的监督，不再进行专业技术的实质全审。[2] 国家审计是对财政评审的再监督，有必要界定审计监督与财政评审的界限，明确各自不同的监督职能和目标，使两者在监督内容和重点上有所区分，避免交叉重复工作。二是与内部审计的界限不明确。由于对公共工程国家审计的职能定位以及跟踪审计方式等问题的理论研究不足，无法明确界定公共工程国家审计与内部审计的界限。

---

[1] 李和森. 财政投资评审的重新定位 [J]. 山东社会科学, 2009 (4): 66.
[2] 杨海静. 政府投资项目两审并存的法律逻辑与制度替代 [J]. 南开学报（哲学社会科学版）, 2018 (2): 69-79.

对使用财政资金的工程的审计,"以审代结"的实质是审计机关参与工程定价,国家审计不应参与结算前的工程定价审计,不能介入工程管理活动,结算前的审计无疑应该是内部审计的职责。跟踪审计介入的深度究竟如何才能在履行国家审计职能和不介入工程管理之间取得一个平衡,是一个值得深入研究的问题,这里面内部审计应当承担必要的职责,有必要为国家审计和内部审计划定明确的职责界限。

第七章 公共工程国家审计法治的完善

第一节 基于受托责任确定审计对象

一、公共工程受托责任

《审计法》及《审计法实施条例》只规定国家审计机关能够审计哪些类型的工程,但没有明确规定哪些是被审计单位。要确定被审计单位、审计范围和审计内容,需要厘清公共工程委托代理关系,明确受托人及其责任内容,进而以落实受托责任为基本原则来确定被审计单位,以受托责任的内容为基础确定审计内容。公共工程根据投资主体的不同分为政府投资公共工程和非政府投资公共工程两类,两者因投资管理模式的不同,具有不同的委托代理关系。公共工程责任主体有三大类:建设单位、政府建设主管部门、工程建设其他主体。三类责任主体因参与建设管理活动都承担着受托责任,具体责任内容因其职责不同而不同。

(一)非政府投资公共工程受托责任

1. 非政府投资公共工程委托代理关系

非政府投资的公共工程主要是具有经营性质的公共工程,这些工程具有营利性,市场可以通过资源配置完成建设和运营,其投资管理模式主要采用市场化管理,实行项目法人责任制,由项目法人承担项目投资、建设、管理和运营责任。非政府投资公共工程有两条委托代理链:第一条是因资金的筹集和使用形成的委托代理关系链,第二条是基于使用和耗费公共资源以及公共工程的公益性和公共性等原因形成的委托代理关系链。

(1)非政府投资公共工程因资金形成的委托代理关系。第一条委托代理关系链由投资人、项目法人(业主)、项目实施单位组成,如表7-1-1所示。

表 7-1-1　非政府投资公共工程因资金形成的委托代理链

委托代理链	责任人	委托代理身份	产生委托代理关系的原因	委托代理关系建立的基础
投资人–项目法人	投资人	委托人	所有权与经营权分离	投资合同
	项目法人	受托人		
项目法人–项目实施单位	项目法人	委托人	经营权中的决策权与执行权分离	建设工程合同
	项目实施单位	受托人		
项目实施单位–分包人	项目实施单位	委托人	执行权中的管理权与执行权分离	建设工程分包合同
	分包人	受托人		

注：项目实施单位包括总包人，勘察、设计、施工、采购、监理、咨询等单位。

表 7-1-1 的委托代理链由三个层级的委托代理关系构成：①第一层级是投资人与项目法人之间的委托代理关系，双方签订投资合同形成契约关系，这种委托代理关系的产生基于财产的所有权与经营权分离，投资人作为资金的所有者将资金的经营权委托给项目法人，对项目法人履行受托责任情况有审计监督的需求。②第二层级是项目法人与项目实施单位之间的委托代理关系，项目法人按照不同的工程建设管理模式，与总包人，勘察、设计、施工等单位签订建设工程合同，这种委托代理关系的产生基于经营权中的决策权与执行权的分离，项目法人（业主）对受托人（项目实施单位，包括总包人、施工、设计等）有审计监督需求。③第三层级是工程项目实施单位与其分包单位之间的委托代理关系，工程总包人与分包人签订分包合同形成契约关系，这种委托代理关系的产生基于执行权中的管理权与次级执行权分离，总包人对分包人合同履行情况有审计监督需求。

（2）非政府投资公共工程因公共资源形成的委托代理关系。非政府投资公共工程的另一条委托代理关系由社会公众与政府、社会公众与项目法人及项目实施单位组成，这条委托代理链的形成基于以下两个原因：一是因公共工程的建设使用或影响了公共资源，如土地占用、空间占用，以及因建设和运营形成的废弃物对土壤、水、空气等环境带来了影响；二是因公共工程的使用和受益具有公共性，其建设运营与社会公众利益有直接关系，如建筑质量将对公众安全带来影响，运营定价将对公众消费带来影响。这条委托代理关系链如图 7-1-1 所示。

法治视角下的公共工程国家审计研究

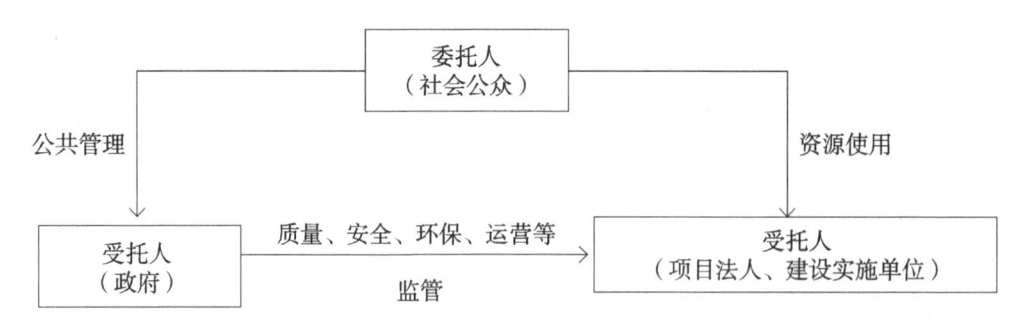

图 7-1-1 非政府投资公共工程因公共资源形成的委托代理链

图 7-1-1 的委托代理关系有两个：第一个是社会公众将公共资源的使用权委托项目法人与项目实施单位，社会公众对项目法人及项目实施单位使用公共资源的情况有监督需求；第二个是社会公众将公共资源的监督管理权委托政府，是政府的公共管理责任，委托人对政府公共管理责任的履行情况有监督需求。

2. 非政府投资公共工程受托责任的内容

（1）非政府投资公共工程因资金形成的受托责任内容。非政府投资公共工程因资金形成的委托代理链，受托人的责任内容如表 7-1-2 所示。

表 7-1-2　非政府投资公共工程因资金形成的受托人责任

委托代理链	责任人	委托代理身份	责任内容	受托责任是否具有公共属性
投资人-项目法人	投资人	委托人	出资	否
	项目法人	受托人	项目决策、融资与偿债、建设管理、经营管理	
项目法人-项目实施单位	项目法人	委托人	选定项目实施单位、签订和履行合同	否
	项目实施单位	受托人	签订和履行合同	
项目实施单位-分包人	项目实施单位	委托人	选定分包单位、签订和履行合同	否
	分包人	受托人	签订和履行合同	

注：项目实施单位包括总包人，勘察、设计、施工、采购、监理、咨询等单位。

表 7-1-2 中，非政府投资公共工程的建设资金并非公共资金，因此所有受托人承担的受托责任都不具有公共属性，受托人不属于国家审计监督的对象，而属于社会审计和内部审计的监督对象。

（2）非政府投资公共工程因公共资源形成的受托责任内容。非政府投资公共工程因使用公共资源形成的委托代理关系，受托人的责任内容如表7-1-3所示。

表7-1-3 非政府投资公共工程因公共资源形成的受托人责任

委托人	受托人	受托人责任内容	受托责任是否具有公共属性
社会公众	政府	公共管理责任：引导投资方向，制定监管法规和政策，在与社会资本合作时维护国家利益和公共利益，对工程立项、用地、规划、质量、安全、环保等实施监管，行政行为合规、公平、清廉、高效	是
社会公众	项目法人	提供美观、安全、环保、收费合理的公共工程	是
社会公众	项目实施单位	遵守工程建设法律法规，确保工程的安全、质量、环保	是

注：项目实施单位包括总包人，勘察、设计、施工、采购、监理、咨询、分包人等单位。

表7-1-3中，受托人的责任来自社会公众，因此政府、项目法人、项目实施单位的受托责任都具有公共属性，是公共受托责任，政府、项目法人、项目实施单位均属于国家审计监督的对象。

（二）政府投资公共工程受托责任

1. 政府投资公共工程委托代理关系

政府投资公共工程的范围主要是非经营性项目或准经营性项目，这些项目不具有营利性或营利性很低，很难收回投资，无法通过市场化的方式投资建设，因此必须由政府来进行投资。政府投资公共工程委托代理链也有两条：第一条是因使用公共资金形成的关系链，第二条是因使用和耗费公共资源以及公共工程的公益性和公共性等形成的委托代理关系链。

（1）政府投资公共工程因使用公共资金形成的委托代理关系。政府投资公共工程因使用公共资金形成的委托代理关系链由社会公众、政府、项目使用单位、代建单位、项目实施单位构成，如表7-1-4所示。

表 7-1-4　政府投资公共工程因资金形成的委托代理链

委托代理链	责任人	委托代理身份	产生委托代理的原因	委托代理关系建立的基础
社会公众－政府	社会公众	委托人	所有权与经营权分离	社会公众是公共资金的所有人，授权政府管理国家
	政府	受托人		
政府－项目使用单位	政府	委托人	经营权中的决策权与执行权分离	政府与项目使用单位的行政隶属关系或者国有资产监督管理关系
	项目使用单位	受托人		
项目使用单位－代建单位	项目使用单位	委托人	执行权中的管理权与次级执行权分离	代建合同
	代建单位	受托人		
代建单位－项目实施单位	代建单位	委托人	次级执行权中的管理权与三级执行权分离	建设工程合同
	项目实施单位	受托人		
项目实施单位－分包人	项目实施单位	委托人	三级执行权中的管理权与四级执行权分离	建设工程分包合同
	分包人	受托人		

注：项目使用单位指业主，也称建设单位。代建单位指专业机构，包括公司型或事业单位型的项目管理公司。项目实施单位指总包人、勘察、设计、施工、采购、监理、咨询等单位。

表 7-1-4 的委托代理链条由五个层级的委托代理关系构成：①第一层级是社会公众与政府之间的委托代理关系，社会公众是公共资金的所有者，将公共资金的经营权委托给政府，这种委托代理关系的产生基于公共资金的所有权与经营权分离，社会公众对政府履行受托责任情况有审计监督的需求。②第二层级是政府与项目使用者（业主）之间的委托代理关系，这种委托代理关系的产生基于政府与项目使用单位的行政管理关系或国有资产监督管理关系，实质是一种行政契约。③第三层级是项目使用单位（业主）与代建单位之间的委托代理关系，我国自 2004 年起对非经营性政府投资项目实行代建制，由于代建制的实施时间还不长，全国各地纷纷进行了不同形式的代建合同试点，既有项目使用单位与代建单位之间签订的双方合同，也有政府机构、项目使用单位与代建单位之间签订的三方合同，这使得代建合同的性质具有一定的复杂性。

政府、项目使用单位对代建单位合同履行情况有监督需求。④第四层级是代建单位与项目实施单位之间的委托代理关系，委托人是代建单位，受托人是工程总包人以及勘察、设计、施工等单位，代建单位分别与上述单位签订建设工程合同，代建单位对项目实施单位履行合同情况有监督需求。⑤第五层级是工程总包人与分包人之间的委托代理关系，工程总包人与分包人签订分包合同形成契约关系，工程总包单位对分包单位履行合同情况有监督需求。

（2）政府投资公共工程因公共资源形成的委托代理关系。政府投资公共工程的另一个委托代理关系由社会公众与政府、社会公众与项目使用单位、代建单位及项目实施单位组成，这条委托代理链的形成基于以下两个原因：一是因公共工程的建设使用或影响了公共资源，如土地占用、空间占用，以及因建设和运营形成的废弃物对土壤、水、空气等环境带来了影响；二是因公共工程的使用和受益具有公共性，其建设运营与社会公众利益有直接关系，如建筑质量将对公众安全带来影响。这条委托代理关系链如图7-1-2所示。

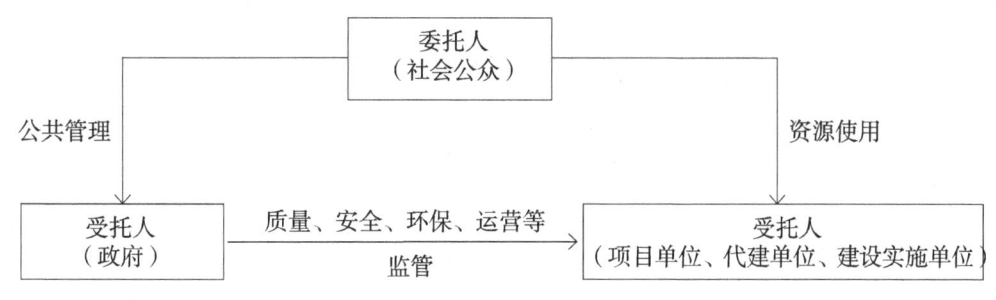

图7-1-2 政府工程因公共资源形成的委托代理链

图7-1-2的委托代理关系有两个：第一个是社会公众将公共资源的使用权委托项目使用单位、代建单位与项目实施单位，社会公众对受托人使用公共资源的情况有监督需求；第二个是社会公众将公共资源的监督管理权委托政府，政府负有公共管理责任，委托人对政府公共管理责任的履行情况有监督需求。

2. 政府投资公共工程受托责任的内容

（1）政府投资公共工程因资金形成的受托责任内容。政府投资公共工程因资金形成的委托代理链，受托人的责任内容如表7-1-5所示。

表 7-1-5　政府投资公共工程因资金形成的受托人责任

委托代理链	责任人	委托代理身份	责任内容	受托责任是否具有公共属性
社会公众－政府	社会公众	委托人	人民代表大会及常务委员会制定法律，审批工程投资预算和决算	是
	政府	受托人	执行工程建设法律、执行项目预算、制定工程建设法规、确保投资绩效	
政府－项目使用单位	政府	委托人	依照法律法规对工程实施监管	是
	项目使用单位	受托人	项目策划、建设管理、经营管理和使用	
项目使用单位－代建单位	项目使用单位	委托人	选定代建单位、签订和履行代建合同	是
	代建单位	受托人	依照代建合同，代行业主建设管理职能	
代建单位－项目实施单位	代建单位	委托人	选定项目实施单位、签订和履行合同	是
	项目实施单位	受托人	签订和履行合同	
项目实施单位－分包人	项目实施单位	委托人	选定分包单位、签订和履行合同	是
	分包人	受托人	签订和履行合同	

注：项目使用单位指业主，也称建设单位。代建单位指专业机构，包括公司型或事业单位型的项目管理公司。项目实施单位指总包人、勘察、设计、施工、采购、监理、咨询等单位。

表 7-1-5 中，政府投资公共工程的建设资金因为属于公共资金，所以所有受托人承担的受托责任都具有公共属性，受托人都属于国家审计监督的对象。

（2）政府投资公共工程因公共资源形成的受托责任内容。政府投资公共工程因使用公共资源形成的委托代理关系，受托人责任的内容如表 7-1-6 所示。

表 7-1-6　政府投资公共工程因公共资源形成的受托人责任

委托人	受托人	受托人责任内容	受托责任是否具有公共属性
社会公众	政府	公共管理责任：制定监管法规和政策，对工程用地、规划、质量、安全、环保等实施监管，行政行为合规、公平、清廉、高效	是
社会公众	项目使用单位	履行业主公共职能，项目策划符合美观、安全、环保等要求	是
社会公众	代建单位、项目实施单位	遵守工程建设法律法规，确保建设安全、质量、环保	是

表 7-1-6 中，因受托人的责任来自社会公众，所以政府、项目使用单位、代建单位、项目实施单位的受托责任都具有公共属性，是公共受托责任，受托人属于国家审计监督的对象。

二、公共工程国家审计法律关系的主体

公共工程国家审计法律关系的主体是公共工程国家审计法律关系中权利和义务的承担者，有法人和自然人，具体包括实施审计的国家审计机关，接受审计的被审计单位，以及审计活动中的其他参与单位和个人。作为公共工程国家审计法律关系的主体，应当同时具备权利能力和行为能力，权利能力是主体在参与公共工程审计法律关系中享有权利和承担义务的法定资格，行为能力是主体以自己的行为享受权利和承担义务的能力，这种能力还使主体能够承担行为的法律后果，即形成承担法律责任的责任能力。我国公共工程国家审计法律关系是一种行政法律关系，其主体中的审计机关和被审计单位具有特定的资格条件或者范围，其权利能力是一种特殊权利能力，即享受特定权利、承担特定义务，具有一定法律关系中特定主体的资格。审计监督权属于审计机关，被审计单位是从事与公共工程建设相关活动的主体。

（一）国家审计机关

1. 国家审计机关的地位

国家审计机关在公共工程国家审计法律关系中处于主导地位，体现在以下四个方面：

（1）每一项具体的公共工程国家审计项目的法律关系因国家审计机关的审计行为

产生，审计机关决定对某个工程项目的建设单位进行审计，只有送达审计通知书以后，审计机关与被审计单位的审计法律关系才会建立。

（2）国家审计监督权是一种法定权力，具有强制性，国家审计机关在审计过程中始终处于主导地位。公共工程国家审计法律关系的主体之间法律地位是不平等的。审计机关处于监督者的主导地位，被审计单位处于被监督者的从属地位。审计机关确定被审计单位、审计时间、审计方式和审计程序等，只需要符合法定职责权限的规定，并不需要征得被审计单位同意。

（3）审计报告和处理决定由审计机关作出，虽然需要征求被审计单位的意见，但审计机关在证据确凿的情况下，可以不采纳被审计单位的修改意见。

（4）国家审计机关具有解决争议的资格和权能。国家审计机关虽然属于争议的一方，但在出现有关财务收支的审计争议后，可以通过与被审计单位协商解决争议，或者受理被审计单位的复议、申诉，自主进行复议、复查以解决审计争议事项。

2. 国家审计机关成为法律关系主体的基本条件

国家审计机关成为公共工程审计法律关系的主体应具备以下基本条件：

（1）由法律赋予审计职权。法定的审计职权是国家审计机关开展公共工程审计的前提，国家审计权力来自《宪法》授权，这种法定权力决定了国家审计主体与其他审计类型主体的不同。内部审计机构的审计权力来自内部管理制度，社会审计单位的审计权力来自委托单位在合同中的委托授权。

（2）以自己的名义开展审计活动。审计机关具有完全的行为能力，在审计活动中以自己的名义和意志决定审计事项，行使审计权，进行审计评价，作出审计建议和意见，在审计权限内进行处理和处罚。

（3）对外独立承担审计行为带来的责任。审计机关不仅能够实施审计行为，作出审计结论，而且能够独立对外承担审计行为带来的责任。这些责任既包括行政责任也包括民事责任。审计机关在公共工程审计活动中，因违反行政法律法规，应当承担行政责任，因违反民事法律法规，应当承担民事责任。

（二）被审计单位

1. 被审计单位的地位

被审计单位在公共工程国家审计法律关系中处于从属地位，体现在以下三个方面：

（1）属于法定审计事项的内容必须接受审计。只要在法定监督范围内，被审计单位必须接受审计机关的各项审计安排，如审计时间、地点、方式、内容等方面。

（2）接受审计评价，执行审计决定。审计项目结束以后，审计机关作出的审计评价意见、审计整改意见、处理处罚决定，被审计单位都应当接受和执行。

（3）接受审计争议事项的处理结果。被审计单位对有关财务收支的审计决定不服的，可以依法申请行政复议或者提起行政诉讼，对有关财政收支的审计决定不服的，可以提请审计机关的本级人民政府裁决，本级人民政府的裁决为最终决定，被审计单位对行政复议和裁决结果应当接受和执行。

2. 被审计单位成为法律关系主体的基本条件

被审计单位成为公共工程国家审计法律关系的主体应具备以下基本条件：

（1）属于法定的审计对象。《审计法》及《审计法实施条例》对公共工程项目审计对象规定得并不清晰，需要进行完善。《审计法》规定国家审计机关审计监督政府投资或以政府投资为主的建设项目，以及其他关系国家利益和公共利益的重大公共工程项目，但无论建设项目或重大公共工程项目都无法成为审计法律关系的主体，因其不具有权力能力和行为能力。《审计法实施条例》规定：审计机关对建设项目进行审计时，可以对直接有关的设计、施工、供货等单位取得建设项目资金的真实性、合法性进行调查。该条例既没有明确上述单位是否为被审计单位，也没有明确表述建设单位是被审计单位。《政府投资项目审计规定》明确以建设单位为被审计单位，但该文件属于审计署部门规章，级别较低，关系国家利益和公共利益的重大公共工程项目的被审计单位的确定无法定依据。

（2）与被审计事项直接相关。被审计单位应当与被审计事项直接相关，在公共工程国家审计中，被审计单位参与了工程的建设和管理，其活动与工程建设目标的实现直接相关，对工程的法律法规、政策制度、资金、质量、工期、安全、环保等一个或多个方面造成影响，是影响工程建设目标实现的直接责任者，应当承担工程建设未实现既定目标的后果，有义务改进工作以更好履行职责。

（3）能够承担审计行为的后果。被审计单位具有权利能力和行为能力，对审计机关作出的审计意见、处理处罚决定，被审计单位能够独立承担其后果。

3. 确定被审计单位的原则

（1）公共受托责任原则。公共工程国家审计的被审计单位承担的应当是公共受托责任，这种公共受托责任是因被审计单位使用公共资金、公共资源需要向社会公众承担的责任。根据公共受托经济责任理论，受托人的工程建设责任既包括因使用公共资金形成的资金绩效责任，也包括因使用公共资源形成的质量、环境、安全等其他绩效责任，这些责任包括经济责任、质量责任、进度责任、安全责任、环境责任，共同构成工程的绩效责任，即全面责任。事实上，经济责任与其他责任是无法割裂的，工程建设的五个目标相互关联，每个目标都与其他目标相关，仅落实经济责任也是不现实的，一项工程在限定的投资计划内建成，如果出现质量、安全、环保、工期滞后等问题，都不能算作成功的项目。这些责任不是仅仅受托于政府，更是受托于社会公众，受托人是参加工程建设管理的所有单位，应当对社会公众负责。

被审计单位的受托责任具有直接性，公共工程建设活动的参与者，对工程建设目标的实现都应当承担直接责任，这些责任一部分是依据建设合同约定的，如建设工程施工合同、勘察设计合同、监理服务合同等约定的甲乙双方的责任内容；另一部分是国家法律法规规定的，如《建筑法》对建设单位、勘察设计单位、施工单位、政府及其所属工作人员等的违法行为规定了法律责任。审计机关如果在审计工作中发现建设参与者的违法违规、违背合约的行为，却因其不属于被审计对象就对之视而不见，明显有违国家审计职业道德以及国家审计所承载的功能和职责。但是，如果审计机关在审计决定中对其作出相应的处理决定，违法违规者也可以因审计机关缺乏法律依据拒绝接受。此外，《审计法》所规定的审计机关的移送权，也是针对法定被审计单位的，只有法定被审计单位涉及的事项超过审计机关处理权限，审计机关才能行使移送有权。如果一项工程出了质量事故，其原因是施工单位违反工程质量强制性标准或者没有按照设计图纸施工，那么其直接责任人就是施工单位，而如果仅以建设单位为被审计单位去追究建设单位的质量管理责任，显然是不合理的。因此，按照直接责任承担原则来确定被审计单位才能发挥工程审计应有的作用。

此外，《审计法》将"其他关系国家利益和公共利益的重大公共工程项目"纳入审计监督范围，但这些项目未必有政府投资，或者政府投资并没有达到控制地位，对这些项目进行监督显然不能以监督国有资金的受托经济责任的思路确定被审计单位。只能依照公共受托责任的原则来确定被审计单位。

（2）治理功能与效率原则。国家审计制度是国家治理体系的组成部分，国家机关对公共工程开展审计，不仅能够有助于建设目标的实现，还具有治理功能，其中最重要的是发现工程中的舞弊、贪污腐败、权力滥用等问题，发现法律法规制度在适用过程中的问题与不足，促进国家法治建设。例如，在招投标审计中发现围标、串标等违法行为，在工程审批等政府参与的活动中发现政府公务人员收受贿赂的违法行为，在工程发包中发现建设单位领导人权力滥用、以权谋私等违法行为。

国家审计制度是国家治理制度的组成部分，按现行工程审计实践的做法，只将建设单位作为被审计单位，审计决定只能向建设单位发出，审计中发现的所有问题如果与其他建设参与者相关，只能通过建设单位去协调和解决，这种问题解决模式显然是低效的。国家审计本来就是一种强制性的监督权力,对建设参与者来说,也并不违背公平原则;相反,如果只将建设单位作为被审计单位,才是真正违背了所有利益相关者之间的公平,造成了建设单位与其他利益相关者之间的不公平。

(3)权力与权利平衡原则。基于行政法平衡理论,行政权力与公民权利的最佳关系是平衡关系,[①]公共利益与个体利益的冲突应达到一种平衡状态。公共工程承载公共利益,涉及公共资金的使用绩效、工程安全与公众生命财产安全,在公共工程国家审计中,审计机关如果只能审计建设单位,使众多建设参与者逃避于审计监督范围之外,这些单位的建设活动直接影响的是公共工程资金的使用与工程安全,其权利显然处于不恰当的扩张状态。《审计法》属于行政法,审计机关属于行政机关,审计监督属于行政监督,并不能因此将审计监督权力置于一种弱势地位,从而忽视其应有的监督功能,过度强调利益相关者的自由权利,衡量行政权力是否恰当的标准应当以公共利益是否实现为目标。界定行政权边界必须遵循以实现公共利益为终极目标,[②]将工程建设直接参者均纳入审计监督范围,并不是审计权力的滥用,而是对责任者的合理约束。

4. 公共工程国家审计的被审计单位

根据以上条件和原则,结合本章第一节中公共工程受托责任的内容,公共工程国家审计的被审计单位主要有:

(1)非政府投资公共工程的被审计单位。①政府及其部门。审计内容是政府职责的履行情况,包括引导投资方向,促进社会公平方面的情况,制定和实施监管法规和政策的情况,对工程立项、用地、规划、质量、安全、环保等实施监管的情况,与社会资金合作时签订的合约是否维护国家利益与公共利益。审计目标是评价政府行为的合规与绩效性,促进政府行为合法合规和提高绩效。②项目法人。审计内容是项目法人是否维护国家利益和公共利益,为社会公众提供美观、安全、环保、收费合理的公共工程。③项目实施单位。项目实施单位包括总包人以及勘察、设计、施工、采购、监理、咨询、分包人等单位,审计内容是项目实施单位是否遵守工程建设法律法规,确保工程的安全、质量、环保。

(2)政府投资公共工程的被审计单位。①政府及其部门。审计内容是政府职责的履行情况,包括执行工程建设法律、执行项目预算、履行公共管理职责(制定法规政策、项目决策以及对工程实施计划、投资、质量、进度、安全、环保等监管)等情况,目的是促进政府履行职责合法合规和绩效,帮助政府提高工作绩效。政府各部门的建

---

① 甘文.行政与法律的一般原理[M].北京:中国法制出版社,2002:53.
② 王世成,曲炜.我国政府投资项目审计法律问题的解决途径[J].中国审计,2007(19):70-72.

设管理职责见第二章,国家审计对政府各部门责任履行情况进行评价,是对政府各部门监管活动的再监督。②建设单位(项目使用单位、业主和代建单位)。审计建设单位项目策划和组织工程建设的活动,是否按法定要求履行工程报批程序,是否按《招标投标法》等法律法规要求选择工程勘察、设计、施工、监理、造价咨询等单位。审计建设单位的合同履行情况。③项目实施单位。包括总包人以及勘察、设计、施工、采购、咨询、分包人等单位。审计项目实施单位是否依照合同约定和国家工程建设法律法规、建设标准等要求开展工程建设,在工程建设的质量、工期、安全、建设期的环保等方面履行责任情况,以及取得工程款项的真实性、合法性。

第二节 完善公共工程国家审计法治的建议

一、完善公共工程国家审计法治体系

《宪法》是我国的根本法,也是审计法律规范体系的基础。《审计法》及《审计法实施条例》是审计工作在法律、法规层次的审计依据,适用于公共工程审计时,内容非常概括和原则性,虽然审计署发布了一系列规范性文件,但规范的对象大多数是投资审计工作,缺乏专门针对公共工程国家审计的部门规章级别的审计依据,使得公共工程审计法律依据不足,影响了审计工作的法定性、严肃性和权威性,急需出台部门规章以上效力层级的法律依据,规范公共工程国家审计的目标、主体、对象、内容、职责权限、程序、方法等等。公共工程审计法律依据应当充分考虑当前各种投融资模式下不同参与人的责任范围,明确不同审计对象的审计内容,以及对跟踪审计目标、内容、具体方式进行规范,并对审计报告的完成时间作出原则性规定。法律和行政法规层面,建议对公共工程国家审计的被审计单位的具体范围作出明确的原则性规定,否则即使出台了规范公共工程审计的部门规章,也可能因缺少上位法的支持以及层级低,而给审计实践工作带来不利影响。

明确公共工程合同的行政合同属性,建议出台公共工程合同示范文本,在合同通用条款中明确公共工程合同的履行应当接受国家审计监督,明确合同主体所获得的行政授权,以及具有行政授权一方的特定权力,争议的法律救济途径等内容。

公共工程法律规范体系应当与其他部门的法律法规相协调,如财政评审依据是《预算法》,国家审计的依据是《审计法》,两部法律或其下的法律规范体系,需要对国

家审计与财政评审的关系予以明确。

在地方性法规和规章层面，我国幅员辽阔，地区产业结构以及地区经济的发展方面各有不同，公共工程在各地发展有不同的侧重点，呈现不同的区域性特征，审计工作也具有不同的特点，我国公共工程审计的地方性法规和规章还不够完善，应该根据各地方的特点，研究制定适应各地方的地方性法规和规章。

二、以绩效审计为重点，落实问责制

本书第五章讨论的典型国家公共工程国家审计，无一例外全部属于绩效审计，绩效审计的重要目标是落实对政府及其部门的问责，促进政府及其部门履行职责符合经济、效率、效果、公平等要求，这一做法值得我国公共工程国家审计借鉴。建议审计法律法规区分公共工程财务收支审计与绩效审计，明确财务收支审计以资金使用单位为审计对象，重点针对财务报表审计，而绩效审计针对建设参与单位的公共工程管理责任，重点针对建设活动的经济、效率、效果等绩效责任内容。当前，我国公共工程国家审计只以建设单位为审计对象，对政府履行公共工程的建设管理责任缺乏监督，虽然我国特有的经济责任审计对此能够进行补充，但经济责任审计的对象是领导干部而非政府机构，侧重于对领导干部的个人评价和问责，政府机构工作的绩效性不是评价重点。此外，从审计的专业化管理角度来看，对具有公共工程建设管理职能的政府机构开展审计，从公共工程绩效审计的角度更能发现问题。

我国当前建设环境还不够成熟、建设体制不够完善，实务中公共工程的审计目标以合法性、合规性为主，即主要为了监督财政投资的运行，促进建设市场的规范有序，减少错弊和违规、违纪、违法行为。随着经济社会的发展，全社会法治意识、人文素质的提高和建设管理体制的完善，建设领域的违规、违法行为必定会逐渐减少，公民意识的增强以及政府问责机制的完善，社会大众普遍关注政府投资绩效将成为必然的趋势，绩效审计会成为公共工程最重要的目标。在法治建设方面，建议完善以绩效审计为重点的审计法律制度建设，对公共工程绩效审计的目标、审计主体、审计重点、审计内容、审计对象、审计程序、审计方法等进行全面规范。

三、保障公共工程国家审计的独立性

审计在本质上是一种特殊的经济控制，目的是保证和促进受托经济责任得到全面有效的履行。[1] 管理与监督，含义并不完全相同。"管理者"主观上有强烈控制或管制

---

[1] 蔡春，李江涛，刘更新. 政府审计维护国家经济安全的基本依据、作用机理及路径选择 [J]. 审计研究，2009（4）：7-11.

法治视角下的公共工程国家审计研究

相对方的欲望或意愿,置身其中的参与感较强;"监督者"则不同,尽量置身事外和保持独立性的意愿较浓。由于上述差异,在管理方式上,前者习惯用直接、强行性色彩浓厚的行政手段实施经济监管职能;后者则愿意更多采用间接的手段行使"从旁查看"职权。政府投资项目审计,审计者应独立于管理者之外。近年来,在中央强力反腐的大背景下,政府投资项目的审计被赋予了过多的目标,审计过程向前延伸到决算前,向后可跟踪审计,审计内容涵盖真实、合法、效益诸多方面。审计的全方位管理不仅缺乏理论依据,事实上也力有不逮。[1]

国家审计是否具有纠偏的功能?学者对此普遍持肯定的观点。国家审计的职能就是监控国家经济活动,这种监控具有监测、预防、预警、纠偏及修复五个作用,纠偏是国家审计部门利用法律赋予的权力,及时制止审计过程中发现的有关违法违规问题,从而纠正危害国家经济安全的行为。[2] 在跟踪审计模式下,审计成为建设过程中的一个主要的控制环节。审计人员频繁地介入建设现场进行审计,提出审计建议,供被审计单位纠偏和改进工作。[3] 审计署及各级国家审计机关应时刻保持警惕,致力于纠偏报错,监督所有财政资金的使用情况。[4] 审计纠偏功能是审计控制能力的一种体现。审计的本质目标就是确保受托经济责任的全面有效履行,审计与控制有着天然联系,审计控制既有独立性,也有间接性。[5] 因此,纠偏是控制的一种方式,审计的控制和纠偏功能能够促进受托责任的履行,在公共工程审计中,审计人员为了促进建设目标的实现,需要进行控制和纠偏,那么如何才能避免介入管理活动,丧失独立性?

公共工程国家审计应当对已经发生的事项进行监督和评价。跟踪审计并非事前审计,而是对公共项目运行过程中的关键环节、重点部位实行的事后审计监督检查,但是相对于整个项目来说,这是事中跟踪审计,能及时发现问题并提出审计意见。[6] 有关跟踪审计的文件和规定中指出,审计人员不能参与各种确认和前置审批活动,这样就可以避免丧失独立性,但即使在各种审批已经完成的资料上提出审计纠正建议,如果这种纠正结果将进入下一步的审计内容,仍然存在丧失独立性的风险。例如,如果审

---

[1] 杨海静.政府投资项目两审并存的法律逻辑与制度替代[J].南开学报(哲学社会科学版),2018(2):73-74.

[2] 蔡春,李江涛,刘更新.政府审计维护国家经济安全的基本依据、作用机理及路径选择[J].审计研究,2009(4):7-11.

[3] 曹慧明.论建设项目跟踪效益审计[J].审计研究,2005(1):57.

[4] 王家新,晏维龙,尹平,等.《关于完善审计制度若干重大问题的框架意见》学习笔谈纪要[J].审计与经济研究,2016,31(1):4.

[5] 蔡春.论现代审计特征与受托经济责任关系[J].审计研究,1998(5):4.

[6] 张勇.公共受托责任论下政府跟踪审计有关问题的探讨[J].审计月刊,2010(7):15.

计发现工程签证的错误或违规等问题，审计人员希望对此进行纠正，将面临两个问题：一是工程签证性质上属于施工合同双方的补充协议，按照目前法律法规的规定，除建设单位以外的其他各方不属于被审计对象，审计只能向建设单提出纠正要求，如果施工合同中没有明确签证必须得到审计认可，那么施工单位也可以不遵守纠正要求，因此产生与结算争议类似的合同纠纷。二是工程签证是工程结算的依据，如果工程签证经审计而纠正，在进行结算审计的时候，工程签证是结算审计的依据，即便审计机关并未在签证上签字，但从实质上来讲，工程鉴证是审计机关干预的结果，审计机关存在自我评价，丧失独立性的风险。因此，公共工程国家审计不宜过度参与工程建设过程中的纠偏。以工程造价为例，在竣工结算办理完成以后再开展审计可以避免自我评价风险。同时，前文中已经建议承担公共工程受托责任的单位均作为被审计单位，建设单位与施工单位属于被审计单位，对竣工结算事后审计的决定也可以对合同双方发挥法律效力。

公共工程国家审计存在独立性风险，主要根源在于当前建设单位内部管理能力不足，内部审计没有发挥足够的控制和纠偏功能，作为第三方的工程建设监理也没有发挥足够的风险控制作用。在工程建设过程中，建设单位及委托的监理单位要做好工程投资、质量、进度三大控制，做好合同管理、安全管理、信息管理和工程环境保护。由于这些控制和管理活动不到位，加之公共工程投资的大额性和影响的广泛性，委托人对控制公共工程实现投资目标抱有极高的期望，致使本应处于独立角色的审计监督介入工程管理。这实际是对内部审计和监理活动的一种补充，我国国家审计隶属行政机关，这种管理模式使得国家审计成为政府的内部审计机构，由国家审计去补充和替代建设管理单位的内部活动成为可能。

公共工程国家审计应当以绩效审计为重点，以促进制度改进即以完善工程管理体制为目标，对提升政府及相关机构履行职责具有建设性功能，这种建设性功能的发挥更多地体现在未来性，不介入当前审计项目的管理活动，不影响其目标走向，才能保持较高的独立性。内部审计以当前审计项目的纠偏为目标，控制审计项目按照既定目标发展，实现既定的投资、工期、质量、安全、环保等目标，其纠偏功能的发挥会牺牲一定的独立性，是一种现实纠偏，这种纠偏功能，恰恰符合内部审计的管理和服务职能。工程建设通常是一项高投资、工期长的活动，工程投资有预算和计划管理要求，工程质量有强制性国家标准，工程安全有强制性法律法规要求，无论是国家、公众还是组织成员，都不愿或者无法承担工程建设目标的偏离，直接纠偏活动本来就是一种项目管理活动，而国家审计的独立性要求其不得介入工程管理活动，这一任务由内部审计承担更为合理。自 2021 年 8 月 1 日起施行的《第 3201 号内部审计实务指南——

建设项目审计》提出了规范建设管理、揭示建设风险、提升项目绩效等具体审计目标，以及促进项目质量、工期、成本等建设目标的顺利实现，提升项目绩效和增加项目价值的总体审计目标。该指南的实施将更加有利于内部审计对公共工程的监督和评价工作，为公共工程国家审计与内部审计的相互协调打下基础。

主要参考文献

[1] 蔡春,杨彦婷.法治精神与审计理论创新[J].审计研究,2015(5):3-7.

[2] 蔡春,蔡利.国家审计理论研究的新发展:基于国家治理视角的初步思考[J].审计与经济研究,2012,27(2):3-10,19.

[3] 蔡春,蔡利,朱荣.关于全面推进我国绩效审计创新发展的十大思考[J].审计研究,2011(4):32-38.

[4] 曹慧明.建设项目跟踪审计若干问题研究[J].审计研究,2009(5):45-50.

[5] 曹桂全,赵阿敏.政府投资项目代建制研究述评[J].经济体制改革,2014(3):147-151.

[6] 陈正芳.新形势下政府投资审计强化策略探讨[J].中国产经,2020(22):131-132.

[7] 陈瑞华.论法学研究方法[M].北京:法律出版社,2017.

[8] 陈华.中国政府外债项目效益审计评价[D].上海:同济大学,2006.

[9] 陈莉,刘晓华,吕雅峥.高校基建工程全过程跟踪审计的角色定位探讨[J].财会通讯,2021(9):141-144.

[10] 陈钟,刘济平,孙志明.美国公共工程审计的主要特点[J].中国审计,1998(10):59.

[11] 程乃胜.论《审计法》的修改与完善[J].江海学刊,2020(6):248-253.

[12] 程书萍,张海斌,许婷.基于系统复杂性的大型工程综合审计模式研究[J].审计与经济研究,2009,24(3):32-36.

[13] 崔振龙,王长友,等.跟踪审计[M].北京:中国时代经济出版社,2014.

[14] 戴国华.中央建筑企业降杠杆减负债的现状、成因分析及相关建议(上)[J].财务与会计,2019(4):40-43.

[15] 董大全.基于国家治理视角的审计监督法律制度研究[J].审计与经济研究,2015,30(6):19-25.

[16] 董鉴泓.中国城市建设史[M].2版.北京:中国建筑工业出版社,1989.

[17] 甘文.行政与法律的一般原理[M].北京:中国法制出版社,2002.

[18] 胡贵安.国家审计权法律配置的模式选择［M］.北京：中国时代经济出版社，2010.

[19] 后小仙.基于公共受托责任的政府投资项目契约性质分析［J］.中国行政管理，2008（12）：105-108.

[20] 郝建新，尹贻林.美国政府投资工程管理研究［J］.技术经济与管理研究，2003（3）：91-92.

[21] 兰定筠，李世蓉.政府投资项目代建制的监管机制研究［J］.建筑经济，2007（11）：68-70.

[22] 李季泽.国家审计的法理［M］.北京：中国时代经济出版社，2004.

[23] 李建峰，李晓钏，赵剑锋.工程项目审计［M］.北京：机械工业出版社，2021.

[24] 李冬，王要武，宋晖，等.基于协同理论的政府投资项目跟踪审计模式［J］.系统工程理论与实践，2013，33（2）：405-412.

[25] 李善波.公共项目治理结构及治理机制研究［D］.南京：河海大学，2012.

[26] 刘家义.关于绩效审计的初步思考［J］.审计研究，2004（6）：3-8，34.

[27] 孟宪海，王綦正.法国建设管理体制的特点及其研究［J］.建筑经济，1999（7）：6-9.

[28] 孟宪海.美国建设管理体制的特点及其研究［J］.建筑经济，1999（8）：34-37.

[29] 孟大围.各国审计机关普遍拥有崇高的宪法地位［J］.审计观察，2021（1）：82-87.

[30] 马志娟，韦小泉.生态文明背景下政府环境责任审计与问责路径研究［J］.审计研究，2014（6）：16-22.

[31] 彭华彰，刘誉泽.论我国审计权的法律保障［J］.审计研究，2010（1）：23-28.

[32] 祁敦芳，叶鹏飞，叶忠明，等.政府绩效审计［M］.北京：中国时代经济出版社，2009.

[33] 曲明.政府绩效审计：沿革、框架与展望［D］.大连：东北财经大学，2013.

[34] 乔恒利.基础设施项目多元投融资模式选择研究［D］.上海：上海交通大学，2009.

[35] 秦旺.建设工程造价结算前沿问题研究［J］.法律适用，2017（5）：81-89.

[36] 河北省审计厅法制处.如何正确处理基本建设项目的竣工决算审计决定与人民法院基建工程合同判决的关系［J］.河北审计，2000（10）：37.

[37] 石锦峰.学习美国公共工程管理的体会与建议［J］.广东审计，2004（2）：33-36.

[38] 孙宁，刘笑，宁延.政府投资项目管理模式发展历程分析［J］.建筑经济，2020，

41（7）：54-59.

［39］孙青山.美国纽约市政府的审计工作［J］.当代审计，1997（1）：43.

［40］孙凌志.基于国家治理的政府工程审计实现路径［J］.财会月刊，2014（13）：73-76.

［41］宋晖.美国公共工程审计的做法及对我国投资审计的借鉴意义［J］.审计研究，2018（1）：46-50.

［42］沈玉麟.外国城市建设史［M］.北京：中国建筑工业出版社，1989.

［43］栗继东，张馨媛.对合同约定"审计结果作为竣工结算依据"的有效性探讨［J］.法制与社会，2020（14）：57-58，73.

［44］唐芬.我国工程建设项目审计体系构建研究［D］.天津：天津大学，2007.

［45］天职（北京）国际工程项目管理有限公司.建设项目跟踪审计实务［M］.北京：中信出版社，2013.

［46］魏礼江，等.政府审计法律理论与实务［M］.北京：中国审计出版社，1998.

［47］魏明，邱钰茹.国家审计模式国际比较：基于国家治理视角［J］.财会通讯，2014（5）：121-122.

［48］王彪华.新形势下国家审计职能定位研究［J］.中国软科学，2020（11）：162-171.

［49］王一，张尚武.法国《社会团结与城市更新法》对中国保障性住房建设的启示［J］.国际城市规划，2015，30（1）：42-48，61.

［50］王会金，易仁萍.试论政府绩效审计的若干理论问题［J］.审计研究，2007（1）：47-50.

［51］王素梅.中美政府绩效审计比较研究［D］.武汉：武汉大学，2010.

［52］王德元.我国公共投资项目政府审计研究［D］.武汉：武汉理工大学，2010.

［53］王早生.改革政府投资工程建设管理势在必行［J］.建设监理，2003（3）：6-9.

［54］王帆，谢志华.政策跟踪审计理论框架研究［J］.审计研究，2019（3）：3-10.

［55］王艳丽，魏昌东.国家建设项目审计决定书法律效力论析［J］.审计与经济研究，2009，24（4）：17-21.

［56］王广斌，金颖妍，李明晓.政府公共工程管理的国际经验借鉴及创新研究［J］.工程管理学报，2021，35（4）：4-8.

［57］项俊波.国家审计法律制度研究［M］.北京：中国时代经济出版社，2002.

［58］许宁舒.法国审计法院国有企业审计情况与借鉴［J］.审计研究，2016（3）：26-31.

［59］姚世忠.改革开放中的审计理论研究［J］.审计研究，1992（4）：21-25.

［60］叶春燕.法国审计制度的启示与借鉴［J］.人大建设，2014（5）：42-44.

[61] 杨时展.审计的发生和发展[J].财会通讯，1986（4）：3-6.

[62] 杨肃昌.法治视野下的国家监察体制与审计体制改革[J].人大研究，2017（6）：12-16.

[63] 杨伟娜.跟踪审计80亿：对沪宁高速公路上海段、南北高架路实施全过程跟踪审计的回顾与思考[J].中国审计，1996（9）：37-38.

[64] 杨婼涵."以审计结论作为建筑工程结算依据"一款存与废的法理思考[D].长沙：湖南师范大学，2018.

[65] 张玉.亚洲各国公共工程项目审计综述（上）[J].审计研究，1996（4）：40-44，27.

[66] 张玉.亚洲各国公共工程项目审计实务综述（下）[J].审计研究，1996（5）：42-48.

[67] 时现.建设项目审计[M].北京：中国时代经济出版社，2008.

[68] 张立仁.对固定资产投资项目开工前审计的思考[J].审计理论与实践，1999（5）：24-26.

[69] 张庆龙，沈征.政府审计学[M].北京：中国人民大学出版社，2015.

[70] 郑石桥.管理审计方法[M].2版.大连：东北财经大学出版社，2017.

[71] 郑石桥，时现，王会金.论工程审计内容[J].财会月刊，2019（17）：102-106.

[72] 郑石桥，时现，王会金.论工程审计主体[J].财会月刊，2019（15）：100-103.

[73] 郑石桥，时现，王会金.论工程绩效审计[J].财会月刊，2019（20）：82-86.

[74] 郑石桥，时现，王会金.论工程审计需求[J].财会月刊，2019（14）：109-113，178.

[75] 朱恒金，时现，李跃水.建设项目跟踪审计分业经营的思考[J].中国总会计师，2010（2）：146-147.

[76] 朱殿骅，伍学进，吴健茹.工程审计理论体系与研究主题：一个文献综述[J].中国内部审计，2017（5）：30-35.

[77] 朱俊文，刘共清，尹贻林.政府投资工程管理方式的国际惯例[J].中国工程咨询，2002（11）：24-25.

[78] 周维培.全球视野下国家审计体制变革之二：司法审计制的融合与趋同[J].审计观察，2019（6）：88-92.

[79] 赵素琴.政府投资项目跟踪审计的理论架构探讨[J].河南师范大学学报（哲学社会科学版），2013，40（4）：83-85.